自治体の
公共施設
マネジメント
担当になったら読む本

志村高史 ［著］

JN039410

学陽書房

はじめに

　公共施設マネジメント担当の仕事を命じられたとき、皆さんはどのように思ったでしょうか？　おそらく、不安と期待が入り交じった気持ちだったのではないかと思います。

　よくわかります。私自身も、そうでした。
　2008年3月、副市長から「4月1日付けで設置する公共施設再配置計画担当の担当主幹を命じる」という人事異動の内示を受けたとき、私の頭の中はクエスチョンマークで一杯になりました。当時、公共施設マネジメントという仕事は、ほんの一握りの自治体しか取り組んでいなかったため、何をすればよいのか、イメージがまったく湧かなかったのです。
　困惑する私に、副市長はこう続けました。「真っ白いキャンバスに市長の思いを描いてあげてくれ」と。抽象的な説明の内示に戸惑いつつも、具体的にイメージできなかったからこそ、得体の知れない新しい仕事に対するワクワク感が胸に去来していたことも確かです。
　今となっては懐かしい思い出ですが、それから11年間、私は公共施設マネジメントを担当し、現在は、上下水道局に異動してハコモノからインフラへと舞台を変え、引き続き公共施設の老朽化対策に関わっています。

　公共施設マネジメント担当から離れる異動の内示が発表された後、多くの同僚や先輩方から、「もうやれることをやりきっただろう」と労いの言葉をかけられました。自治体職員に異動は付き物です。組織に属している以上、自分の意思だけで仕事の内容を決められるわけではありません。事務職としては異例ともいえる長い時間、1つの仕事に関わり、一定の成果を残してきた中で、やりきった感があったことも確かです。一方で、「やり残したことがあるのではないか」という、わずかな悔いも、

もやもやと心の中に残っていました。

　異動後、新しい仕事に忙殺され、そんな気持ちも次第に薄れ始めていたころ、本書執筆のお誘いを受け、「やり残していたことはこれだ」と腹落ちしました。

　私が得た知識と経験を活字にすることにより、より多くのことを長い時間にわたって、確実に後進に伝えていくことができるはずです。私を成長させてくれた公共施設マネジメントの世界に対する最後のご奉公として、執筆することを即断しました。

　公共施設マネジメントは、今やすべての自治体が取り組むべき重要な行政課題になっています。すでに先行している自治体の取組みを見れば、取組みの先には、多くの困難が待ち受けていることが明らかです。

　しかし、恐れる必要はありません。

　皆さんは、困難に立ち向かう胆力と、問題を解決する能力があると見込まれて、組織から担当に任命されたのですから。

　本書では、私が11年間にわたり地方自治の現場で公共施設マネジメントを実践して得た知識と経験について、紙幅の許す限り書き記しました。

　その内容は、新人職員から管理職に至るまで、事務職の方のみならず、技術職の方にもきっとお役に立てていただけると思います。また、議員の皆さんにも、執行部の公共施設マネジメントの進め方をチェックする際の参考にしていただけると考えています。

　さあ、公共施設マネジメント担当の皆さん、長い公務員人生の中で、こんなにやりがいがあり、のめりこむことができる仕事に出会える機会は滅多にありません。本書を片手に、勇気を出して前に進んでください。

　本書を読み終えたとき、それまでは雲に囲まれて見えていなかった山頂が、きっと見えてくるはずです。

　　2020年3月

　　　　　　　　　　　　　　　　　　　　　志村　高史

第3章 客観的に見るハコモノ事情

第4章 エビデンスに基づき対策を

第5章 更新問題に立ち向かうために

第6章 持続可能なハコモノにするための手法

第7章 公民連携は必須アイテム

第8章 ワンランク上を目指す マネジメント術

第 1 章

公共施設マネジメント担当の仕事とは

公共施設マネジメントは、まだ歴史の浅い仕事ですが、今後ますます重要度が増していきます。公共施設には、学校や図書館、公民館だけではなく、道路や橋、上下水道も含まれます。まず、この大切な公共施設の未来を変える、公共施設マネジメント担当の仕事とは、どのような仕事なのかを知ってください。

1 | 1 ◎…公共施設って そもそも何？

▶▶ 「公共施設」とは

そもそも「公共施設」とは何でしょうか。よく使われる言葉ではありますが、辞書や白書、法律などによって、さまざまな説明がなされています。

たとえば、大辞林（第三版）では、「道路・公園・下水道・学校・図書館など、公共事業によって供給される施設。公共財としての性格をもつ。」と解説されています。

また、総務省から毎年発行されている地方財政白書では、「公共施設の状況」の節で「地方公共団体は、住民の生活や福祉の向上を図り、個性豊かで魅力ある地域づくりを推進するため、道路や公営住宅等の公共施設の整備に努めている。」と記載しています。

▶▶ 「公共施設」の定義

次に「公共施設」の定義を探してみることとします。

2014年4月、総務省から全国の自治体に向けて、「公共施設等総合管理計画」を策定することが要請されましたが、その策定にあたっての指針では、「公共施設等」を次のように定義しています。

■総務省通知「公共施設等総合管理計画の策定にあたっての指針」
（平成26年4月22日）

公共施設、公用施設その他の当該地方公共団体が所有する建築物その他の工作物をいう。具体的には、いわゆるハコモノの他、道路・橋りょう

等の土木構造物、公営企業の施設（上水道、下水道等）、プラント系施設（廃棄物処理場、斎場、浄水場、汚水処理場等）等も含む包括的な概念である。

そして、「民間資金等の活用による公共施設等の整備等の促進に関する法律（通称：PFI推進法）」では、次のように定義しています。

■民間資金等の活用による公共施設等の整備等の促進に関する法律

（定義）

第2条　この法律において「公共施設等」とは、次に掲げる施設（設備を含む。）をいう。

一　道路、鉄道、港湾、空港、河川、公園、水道、下水道、工業用水道等の公共施設

二　庁舎、宿舎等の公用施設

三　賃貸住宅及び教育文化施設、廃棄物処理施設、医療施設、社会福祉施設、更生保護施設、駐車場、地下街等の公益的施設

四　情報通信施設、熱供給施設、新エネルギー施設、リサイクル施設（廃棄物処理施設を除く。）、観光施設及び研究施設

五　船舶、航空機等の輸送施設及び人工衛星（これらの施設の運行に必要な施設を含む。）

六　前各号に掲げる施設に準ずる施設として政令で定めるもの

▶▶ 「公共施設」は大きく分けると3種類

上記をふまえると、「公共施設」とは、「私たちの生活を支え、福祉を増進させるため、一定のルールはあるものの誰もが恩恵を受けることができる工作物、建築物を総称する概念」とまとめることができそうです。

そのうえで、本書では、公共施設について、大まかに①ハコモノ系、②インフラ系、③プラント系の3つに分類し、解説等を行っていくことにします（**図表1**参照）。

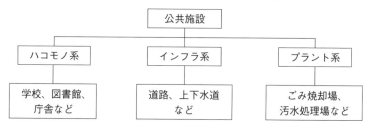

図表1　本書で用いる公共施設の分類

▶▶ 地方自治法の位置付け

　これらの公共施設の設置や管理の主体は、国や自治体が主となりますが、中には高速道路や鉄道のように、民間が主体のものもあります。ここでは、改めて地方自治法上の公共施設に関わる規定を整理してみます。

　地方自治法では、第2編第9章「財務」の第9節「財産」及び第10章「公の施設」の中で、公共施設に関する規定を次のように設けています。

■地方自治法
　（財産の管理及び処分）
第237条　この法律において「財産」とは、公有財産、物品及び債権並びに基金をいう。
2～3　（略）
（公有財産の範囲及び分類）
第238条　この法律において「公有財産」とは、普通地方公共団体の所有に属する財産のうち次に掲げるもの（基金に属するものを除く。）をいう。
　一　不動産
　二～八　（略）
2　（略）
3　公有財産は、これを行政財産と普通財産とに分類する。
4　行政財産とは、普通地方公共団体において公用又は公共用に供し、又は供することと決定した財産をいい、普通財産とは、行政財産以外の一切の公有財産をいう。

（公の施設）

第244条　普通地方公共団体は、住民の福祉を増進する目的をもつてその利用に供するための施設（これを公の施設という。）を設けるものとする。

2～3　（略）

　これらの条文を整理すると、**図表2**のとおりとなります。公共施設マネジメントを進めるにあたっては、この分類に応じてさまざまな制約等もあることから、しっかりと頭の中に入れておいたほうがよいでしょう。

図表2　地方自治法上の公共施設の位置付け

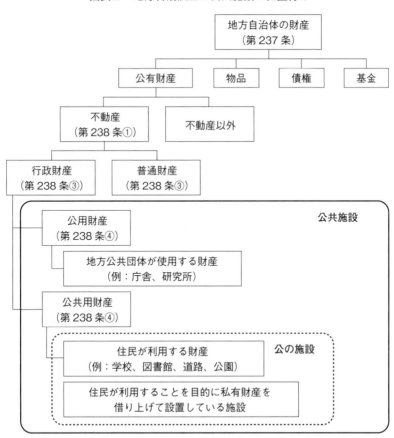

1 | 2 ◎…公共施設 マネジメントって どんな仕事？

▶▶ マネジメントとは

　公共施設のマネジメントとは、どのような仕事なのでしょうか。

　国立国語研究所「外来語」委員会が 2006 年 3 月に行った「外来語」言い換え提案では、「マネジメント」という言葉について、その意味を次のように説明しています。

『経営や運営について、組織だって管理すること』

　この頭に「公共施設の」という言葉を加えれば、これから自分たちがどういう仕事をしていくのかのイメージが湧きやすいのではないでしょうか。特に「組織だって管理する」というキーワードを必ず頭に入れておいてください。今までのように、公共施設の整備や維持管理、運営を各施設を所管する課の意思だけで縦割りで行うのではなく、組織として最適な方向へと導いていくことが公共施設マネジメントの基本です。

▶▶ 事務分掌に見る公共施設マネジメント担当の仕事

　現在、多くの自治体が「公共施設マネジメント」という言葉を冠した課や係を設置しています。自治体の組織の中には、財政課や会計課など、必ずと言っていいほど共通の名前で設置されている課もありますが、公共施設マネジメントを冠する課や係をつくるか否かは、判断が分かれているところです。だからこそ、そういう名前の課や担当を置くということは、住民や議会に対する決意表明でもあるわけです。

そこで、先進自治体の条例や規則からピックアップした事務分掌を確認しながら、仕事に対する理解を深めていきましょう（下線はすべて著者による）。

①神奈川県小田原市企画部公共施設マネジメント課

（1）公共施設の整備及び管理運営の<u>総合的な調整</u>に関すること。
（2）公共施設の<u>適正配置</u>に関すること。
（3）市有<u>建物の保全</u>の総合的な調整に関すること。

住民参加型の計画策定など、先進的な取組みを行う自治体ですが、まず一番目に、「総合的な調整」を掲げています。そして、「適正配置」というのは、統廃合をソフトに言い換えているものと思います。

さらには、「建物の保全」を加え、適切な管理を行いながら、建物を維持していくための仕事をしていくこともわかります。そのため課の中には技術職も所属していますが、そのメリットは、長期修繕計画などの策定に不可欠の技術職との意思統一を図りやすくすることにあります。

②東京都小平市企画政策部公共施設マネジメント課

（1）公共施設マネジメントに関すること。
（2）施設の管理及び保全に関すること。
（3）公有財産の<u>総合調整</u>に関すること。
（4）<u>固定資産台帳</u>の総合調整に関すること。
（5）市の境界に関すること。
（6）不動産の取得及び処分に関すること。
（7）土地開発公社に関すること。

隣の国分寺市との広域連携を行ったり、さまざまな役割の異なる公共施設の複合化を進めたりするなど、積極的な取組みで有名な自治体です。

こちらにも「総合調整」という言葉が挙げられています。そして、固定資産台帳も所管させ、公共施設マネジメントに活かしていこうという姿勢を見ることができます。また、(6) と (7) については、管財部門が担当している自治体も多いと思いますが、小平市では、公共施設マネジメントと一体化しています。

③北海道旭川市総務部公共施設マネジメント課

---

(1) 公共施設の配置及び維持管理に係る施策の<u>総合的な企画及び調整</u>に関すること。

(2) <u>公共施設等総合管理計画</u>及び<u>公共施設白書</u>に関すること。

(3) 公有財産（不動産及び不動産に係る権利に限る。以下この項において同じ。）の<u>総括及び調整</u>に関すること。

(4) <u>公有財産の評価</u>に関すること。

(5) 公有財産の有効活用に関すること。

(6) 公有財産の処分並びにこれに係る登記及び測量に関すること。

　北海道という財政や人口の面で厳しい地域にありながら、住民と危機感を共有して取組みを進め、工夫して効率的に施設運営を行っている自治体です。

　ここでは、企画、総括、調整という仕事が主であることがわかりますが、「公共施設等総合管理計画」と「公共施設白書」という、取組みを進めるための重要なツールも登場しています。また、評価により客観的に公共施設マネジメントを進めようとしていることもわかります。

④兵庫県川西市都市政策部公共施設マネジメント課

---

(1) <u>公共施設等総合管理計画</u>の推進に関すること。

(2) <u>PFI 事業</u>の総合調整に関すること。

(3) 市設建築物の<u>設計及び施工監理</u>に関すること。

(4) 委託建築物の設計及び施工監理に関すること。

(5) 市設建築物の維持管理工事、修繕及び技術指導に関すること。

(6) <u>学校施設</u>の営繕計画及びその実施の<u>補助執行</u>に関すること。

(7) 学校施設（幼稚園を除く。）の補助金等の補助執行に関すること。

(8) 学校施設に関する調査、研究及び統計の補助執行に関すること。

(9) 学校施設台帳の補助執行に関すること。

(10) 前4号に掲げるもののほか、学校施設の管理保全及び整備補修の補助執行に関すること。

　こちらは、積極的に公共施設マネジメントに公民連携手法を取り入れている自治体です。

　特徴としては、「PFI事業」という固有名詞が挙げられています。市として、公共施設の整備は、PFI（Private Finance Initiative：公共施設等の建設、維持管理、運営等を民間の資金やノウハウを活用して行う手法）事業を主眼に置いていることがわかります。また、「学校施設」に関する仕事を「補助執行」することも大きな役割としています。

　学校施設の管理は、基本的には教育委員会が行います。しかしながら、学校は、どの自治体においてもハコモノのストックに大きな割合を占めています。これを公共施設マネジメントの視点で補助執行していくことには大きな意味があると思います。

▶▶ 事務分掌を再確認

　以上、4つの自治体の事務分掌を確認してみましたが、いえることは、公共施設に関する総合調整役に主眼を置きながら、それぞれの自治体で力を入れていきたいことが加えられているということです。公共施設マネジメント担当の仕事には、財政課や会計課のように概成されたスタイルはありません。まずは、自分たちの自治体における事務分掌を再確認してみてください。そこから、組織として重視していく仕事が読み取れるはずです。

1|3 ◎…公共施設マネジメント担当の具体的業務

▶▶ データの集約と分析

　前項では、公共施設マネジメント担当の仕事は、総合的な調整が中心となることを述べましたが、それでも、多くの自治体に共通する定型的な仕事がいくつかあります。

　その1つが、データの集約と分析です。

　「公共施設白書」や簡易にまとめたカルテを作成した自治体は、各自治体のホームページを調べたところ、2018年度末時点で、350を超えています。2014年に総務省から「公共施設等総合管理計画」の策定要請が出るまでは、まず、白書やカルテを作成することが主流でしたが、要請に策定の期限があったためか、最近では、白書やカルテの名を冠した資料を作る自治体が少なくなってきました。

　しかし、バラバラに存在しているハコモノに関するデータを集約したうえで、横断的に比較・分析し、現状分析と課題の抽出を行うことは、公共施設マネジメントの基本です。白書やカルテのような形で取りまとめなくても、必ず必要になる作業といえます。

　その理由は、それぞれのハコモノの利害関係者の意見を総合的に調整し、自治体にとって最適な方向に導いていくためには、客観的な証拠（エビデンス）を示していくことが最も大切になるからです。この証拠の大切さや具体的な例については、第4章で詳しく触れたいと思います。データは、いたるところにバラバラに点在しています。何の証拠とするのか、その目的に応じて根気よく探してみてください。

　また、皆さんの自治体では、過去に作成した白書やカルテのデータが、作成した当時のままになっていませんか。データは生き物です。古いデ

ータに説得力はありません。常に新しいものを備えておくため、白書や
カルテの改訂は、定期的に行っておいてください。

▶▶ 方針・計画の策定・改訂

これも多くの自治体で、公共施設マネジメント担当の仕事になっている
のではないでしょうか。

一部の自治体では、独自に公共施設マネジメントに関する方針や計画
を策定し、実行に移していますが、多くの自治体では、総務省から「公
共施設等総合管理計画」の策定要請があった後に方針や計画の策定に着
手しています。総務省の発表では、2019年3月31日末現在、1741の市
区町村のうち1738の市町村が策定済みとなっています。

そして、2018年2月27日には、策定された計画について不断の見直
しを実施し、充実させていくことを目的に「公共施設等総合管理計画の
策定にあたっての指針」が改訂されました。独自の方針や計画も含め、
この見直しの作業も、公共施設マネジメント担当の大切な仕事になりま
す。

また、この「公共施設等総合管理計画」は、「計画」とはいうものの、
その内容は、個別具体な実行計画ではなく、「方針」的なものです。だ
からこそ、総務省からは、2020年度末までに個別施設計画を策定して
ほしいとの要請が続いています。

この個別施設計画は、総論を各論に移すためのものです。住民にとっ
てもいよいよ利害が及ぶため、その内容は、客観的で説得力の高いもの
でなくてはなりません。そうした計画とするためには、すでに述べたと
おり、エビデンスの積極的な活用が欠かせません。

そして、もう1つ注意しなければならないことがあります。この個別
施設計画の策定をそれぞれの施設の所管課に任せてしまうと、コント
ロールが利かなくなります。特に削減目標値を掲げた自治体は、公共施
設マネジメント担当がそこに向けて総合的に調整していくことが必要で
す。

▶▶ 庁内を横断する組織の設置・運営

　せっかく「公共施設等総合管理計画」を策定しても、その後に続く個別施設計画に実行性がなければ、絵に描いた餅になってしまいます。先に担当課任せにすることの危険性に触れましたが、水は低いほうに流れてしまいます。担当課に任せていたら、自らに厳しい仕事を課すような計画にはならず、結果として目標は達成できなくなってしまいます。

　そこで、庁内横断的に計画検討や実行を進める「推進会議」のような組織が必要になります。この会議は、首長自らが陣頭指揮を執るというのも理想ではあります。しかし、それでは、庁議との区別がつかなくなり、屋上屋を架す状態にもなります。したがって、会議のトップには、首長の腹心でもある副首長を据えるのが合理的です。公共施設マネジメントを進めるにあたっては、ときには部長クラスへのトップダウンも必要になります。会議のトップが部長クラスでは、それもできなくなります。

　この組織のイメージは、**図表3**を参考にしてください。

図表3　推進会議のイメージ

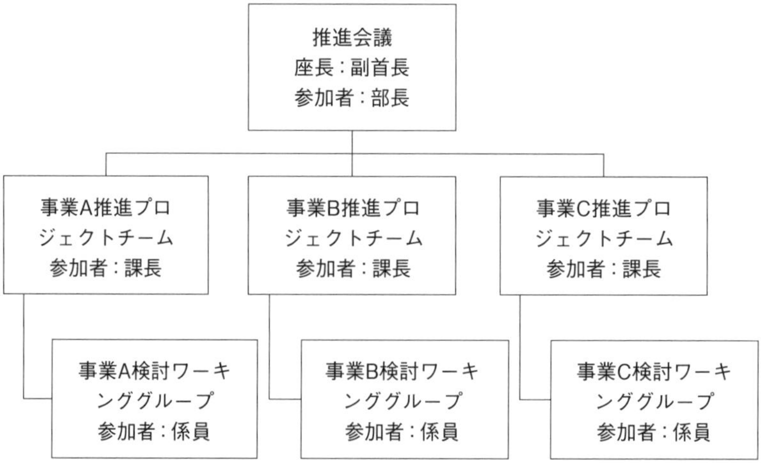

```
                    ┌─────────────┐
                    │  推進会議      │
                    │ 座長：副首長    │
                    │ 参加者：部長    │
                    └─────────────┘
        ┌──────────────┼──────────────┐
┌─────────────┐ ┌─────────────┐ ┌─────────────┐
│事業A推進プロ   │ │事業B推進プロ   │ │事業C推進プロ   │
│ジェクトチーム  │ │ジェクトチーム  │ │ジェクトチーム  │
│参加者：課長    │ │参加者：課長    │ │参加者：課長    │
└─────────────┘ └─────────────┘ └─────────────┘
   │               │               │
┌─────────────┐ ┌─────────────┐ ┌─────────────┐
│事業A検討ワーキ │ │事業B検討ワーキ │ │事業C検討ワーキ │
│ンググループ   │ │ンググループ   │ │ンググループ   │
│参加者：係員    │ │参加者：係員    │ │参加者：係員    │
└─────────────┘ └─────────────┘ └─────────────┘
```

　さらには、公共施設マネジメントの取組みは、長い期間にわたり続きます。若手職員の能力向上も欠かせません。多層階の組織とすることによって、ボトムアップで下からの意見を吸い上げ、若手職員の能力向上の場とすることも期待できます。

　そして、この組織が一丸となって動くためには、庁内で危機感を共有できることが大切です。

▶▶ 庁内への研修・啓発

　住民を対象としたシンポジウムなどは、公共施設マネジメント担当の仕事と言えますが、庁内研修までとなると、荷が重いかもしれません。

　しかし、この職員研修を企画・実行できるエネルギーを持つ担当者がいる自治体は、その後も取組みが進みます。一度に多くの職員が同じ話を聞くことができる庁内研修は、少数の職員しか話が聞けないセミナーへの派遣研修よりも、費用対効果の高いものとなります。

　研修受講の優先順位ですが、まず決定権を持つ幹部が受ける必要があります。若い職員たちは、公共施設更新問題は、自分たちが背負っていくものと捉え、危機感をすぐに持ちます。しかし、いくら若い職員たちが危機感を抱いても、幹部の意識改革がなければ、物事は前に進みません。また、職員は常に異動します。1回だけではなく、多層階にわたり繰り返し行うことも大事です。

　そしてもう1つ、研修よりも手軽にできるのが、庁内 LAN の掲示板を活用した啓発です。職員がほっと一息ついたときに読める分量くらいの啓発用チラシを、定期的に発行し続けていくことも効果があります。秦野市が発行していた職員向けの連載「一からわかる再配置」は、ホームページで公開されていますので、参考にしてください。

　いずれにしても、庁内の危機感共有や職員の意識改革には時間がかかります。時間をかけて、地道に繰り返してください。

1│4 ◎…担当者が磨くべきスキル

▶▶ 数字を恐れるな

　まず挙げておきたいのは、数字に強くなることです。

　データの集約や分析が大切な仕事の1つであることは、すでに述べましたが、それ以外にも、方針や計画の策定や改訂にあたっては、事業費の計算や、削減目標の試算など、多くの計算を行います。数字アレルギーがあっては、こうしたやりがいのある仕事が、苦痛なものになってしまいます。

　何も難しい数学の知識が必要になるということではありません。文系の方でも大丈夫です。なぜなら、皆さんの机の上のパソコンの中には、Excelくんという優秀な仲間がいるからです。彼を最大限に活用してあげてください。難しいことは、きっと彼がやってくれるはずです。そういう点では、Excelのスキルアップも欠かせないものになります。

▶▶ 説明力を身に付けよ

　公共施設マネジメント担当は、住民、議会、職員と、多くの対象に説明を行わなければなりません。そして、総論から各論へと、段階を経るたびに次から次へと、説明が必要になります。また、土地や建物に関する取組みは、一つひとつに時間がかかります。その間に、施設の利用者も変わり、地域の団体の代表者も替わり、「そんな話、聞いたことがないよ」と言われるでしょう。説明に終わりはないのです。

　また、同じ内容のことを話しても、声のトーンや話し方で、耳を傾けてもらえる人と、「もうやめてくれ」と言われてしまう人がいます。公

共施設マネジメント担当が説明しなければならない内容は、聞いている側にとっては、耳の痛い話となることが多いものです。ときに感情的にならず、淡々と、理路整然と説明していく、こうしたスキルを磨いてください。なお、高齢の方が多い場合には、声質が高めのほうが聞きやすいようです。

▶▶ 分析力を高めよ

　さて、説明力をいくら高めても、説明する中身に説得力がなければ、誰が何を言っても相手には通じません。その説明の中身を充実させるために一番大切なことは、物事を多面的に分析する力です。

　公共施設更新問題は、抽象的な行政論とは違います。近い将来、確実に起こる社会問題です。その原因については、さまざまなデータをもとに、客観的に説明することができます。対策の1つとして、ハコモノの統廃合を選択した場合であれば、その理由を客観的なデータに基づいて説明できなければ、住民は行政に対する不信感を募らせることになります。

　分析とは、ある事象に「疑問」を持ち、それに対する「仮説」を立てて、それを「証明」することです。具体的な事例は後に述べさせていただきますが、まず、さまざまなことに「本当にそうなのだろうか」という疑問を持ってください。分析は、そこから始まります。

　以上、公共施設マネジメント担当が磨くべきスキルについて述べましたが、この中に皆さんに苦手なことがあってもかまいません。「これができなければ、公共施設マネジメント担当は務まらない」とは捉えないでください。これらのスキルを磨くことよりも、もっと担当として大切なことがあります。これは、次項で述べることにします。

1|5 ◎…担当者が持つべき 心構え

▶▶ 折れない心を持つ

　一部の有識者が公共施設更新問題に警鐘を鳴らし始めたのは、2008年頃です。この問題に取り組む自治体もそう多くはありませんでした。しかし、そのころから取組みをスタートさせていた自治体の担当者たちは、周囲からの反発や非難を受け、サンドバッグ状態になっているというのが実感だったのではないでしょうか。

　今は、多くの自治体に公共施設マネジメント担当が置かれ、日本中の自治体が目を向け始めています。それでも、四方八方から反発を受けることは必至です。職員の皆さんも、住民の皆さんも、今までどおりが一番楽です。また、たとえハコモノが過剰になっているとしても、それは、それなりの理由があってそうなっているわけですから、そのままにしておいてほしいと考える人も多数います。

　だからといって、反発に屈していたら、次世代にはとてつもない負担がのしかかってしまいます。まず、公共施設マネジメント担当として、高い志を持ち、折れない心で仕事と向き合ってください。

▶▶ 2年や3年で逃げ出すな

　これから皆さんが進む先には、たくさんの困難が待ち受けています。早い時期に嫌になってしまうかもしれませんが、先進自治体と呼ばれる自治体には、必ずと言っていいほど、キーパーソンになった担当者がいます。彼らはみな、5〜10年という中長期にわたって公共施設マネジメントを担当していました。こうした心強い仲間たちが全国にいます。

彼らは横のつながりもあり、皆さんが困ったときには、きっといいアドバイスをして助けてくれるはずです。

　最低でも５年、できれば10年は続ける覚悟を持って仕事に向き合ってください。頑張るあなたの姿が、きっと周りを変えていくはずです。公共施設マネジメント担当となった皆さんは、辞令１枚で担当となることを命じられ、2、3年後にはまた、辞令１枚で他の仕事に移っていくかもしれません。これは自治体職員である以上仕方のないことです。しかし、それが、本人のネガティブな理由による希望ではないことを願っています。

▶▶ ポジティブ・シンキングで取り組む

　公共施設マネジメントは、自治体の仕事としての歴史もまだ浅く、こうでなければならないということが法律等で決められているわけではありません。多くの仕事には、まだ正解がないのです。逆に言えば、これは失敗ということもないということになります。一つひとつの仕事に常に前向きに、「きっとうまくいく」という気持ちを持ち続けて臨んでください。

▶▶ 常に俯瞰的に、中長期的に考える

　役所という小さな組織の中で、小さな町のことばかり考えていると、ものの見方や考え方は、どうしても局所的、短期的なものになってしまいます。そうしたものの見方や考え方は、役所の中では通用するかもしれませんが、一歩外に出れば、何の役にも立ちません。

　公共施設マネジメント担当の仕事は、役所の外のことや将来の市民のことを第一に考えなければならない仕事です。今、目の前のことだけに囚われるのではなく、常に俯瞰的に、中長期的に物事を考えていく。これが、公共施設マネジメント担当として、最も大切な心構えです。

COLUMN・1

ノーサイド

　私は、11年間、秦野市役所で公共施設マネジメントを担当していましたが、その間、講師や委員としての派遣は、285回にのぼります。北は北海道帯広市から、南は沖縄県那覇市まで、43都道府県にまたがります。どれもみな、思い出深いものがありますが、中でも特に心に残っていることを各章末でご紹介します。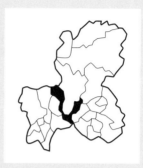

　まず取り上げるのは、岐阜県関市です。

　関市では、2011年9月、ハコモノ建設が選挙の争点になり、それに反対する当時30代だった現市長が勝ちました。これをきっかけに、市は公共施設マネジメントに本格的に取り組み始め、選挙の翌年の2012年10月、私は研修の講師に招かれました。

　そのとき私は、驚きました。こうした選挙の構図の場合、議会はオール野党状態になるのが常ですが、研修会場で市長と議長が並んで腰掛けていたのです。「選挙が終わればノーサイド。市の将来のために何をするべきか、同じ話を聞きましょう」ということです。

　関市は、平成の大合併で6つの自治体が合併し、ハコモノが過剰になっています。市域の形も、鳥が羽を広げたような形のため、ハコモノの集約が難しくなります。それでも、議会がこうした姿勢でいたおかげなのか、公共施設マネジメントの取組みは進み、今では、岐阜県下で一番進んでいる自治体といってもいいのではないでしょうか。

　研修終了後、鵜飼の見学に連れて行っていただきました。皇室に納める鮎を捕るための御料鵜飼を行う鵜匠によるものでした。川の流れる音だけが聴こえる静寂に包まれ、人工の光が一切ない中、かがり火が照らし出した幻想的な光景は、一生忘れられないものになっています。

　また、お土産をいただきました。家に帰り包みを開けると、中には包丁が。知らなかったとはいえ、新幹線の中に危険物を持ち込んだということに。関市は、刃物のまちとしても有名でした……。

第 2 章

公共施設更新問題
とは

「公共施設の更新問題」という言葉が使われ始めてから、10 年以上が経ちました。テレビや新聞でも取り上げられ、その対策に、国を挙げて取り組むようになりました。そもそも、この社会問題はなぜ起きるのか、公共施設マネジメント担当として、しっかりと頭に入れておきましょう。

2|1 ◎…社会問題となった 公共施設更新問題

▶▶ 公共施設更新問題とは

　私たちの身の回りには、当たり前のように多くの公共施設が存在しています。しかし、その当たり前の姿は、一時に集中的に作られてきました。そして、この先、一斉に作り直さなければいけない時期がやってきますが、作っていたころとは違い、人口も減り、高齢化も進んでいます。

　そうした厳しい状況の中では、すべての公共施設を維持していくことが難しくなります。このことは、一部の自治体における行政課題ではありません。この問題は、急激に経済成長し、急激に人口減少と高齢化が進む日本という国の構造的な問題であり、「公共施設更新問題」と呼ばれている社会問題です。

▶▶ 始まりはインフラの重大事故

　「公共施設更新問題」が社会問題であれば、当然国も動き出します。

　有識者たちが警鐘を鳴らし始めてから5年ほどたった後、国において「インフラ長寿命化基本計画」（2013年11月29日、インフラ老朽化対策の推進に関する関係省庁連絡会議）が策定されました。そのきっかけとなったのは、2012年12月に起きた中央自動車道の笹子トンネル天井崩落事故です。9人もの犠牲者を出した痛ましい事故ですが、この事故を境に、公共施設の老朽化に日本中の目が注がれ始めました。

　公共施設は、とにかく作ることに意識が注がれ、将来のメンテナンスや更新については、あまり目が向けられてこなかったことは事実です。特に国や自治体が管理している公共施設では、財政の悪化や人員削減に

より十分なメンテナンスができていない施設が多く存在しているのが現状ではないでしょうか。

　そこで、こうした事故を二度と起こすことのないようにすることはもちろんのこと、今後のメンテナンスや更新について、その費用も含めた対策をしっかりと講じていくことを目的にこの計画が策定されました。

▶▶すべての自治体の取組みになった更新問題

　ここから、一部の自治体の取組みであった公共施設更新問題への対応が、国を挙げての具体的な取組みへと変わり始めました。しかし、自発的に取組みを進めていた自治体はまだ少なく、自治体の取組みを促す必要がありました。

　そこで総務省では、「公共施設等総合管理計画」の策定を各自治体に要請しました。要請とはいえ、総務大臣名をもって発せられた通知です。また、要請に従わなければ、何らかのペナルティがあったかもしれません。この要請は半ば強制の効果となり、福島第一原子力発電所の事故からの避難が続いている福島県大熊町、双葉町、飯舘村を除くすべての自治体（要請以前から独自に同様の方針・計画を策定していた自治体も含む）で策定を終えています。

▶▶現在の状況は個別施設計画の策定が中心

　国を挙げての取組みは、今どのように進んでいるのでしょうか。総務省が示している取組みの体系をもとに作成したイメージが**図表4**です。

　この体系に沿った取組みを推進するため、総務省では、2017年度に「公共施設等適正管理推進事業債」を創設しました。これは、2020年度までに個別施設計画に位置付けられた事業に充てることができる「自治体にとって有利な起債」です。したがって、自治体における個別施設計画策定の動きも活発化していることから、各省庁からは、個別施設計画の策定にあたって参考となるガイドラインが公表されています。「公共施設等適正管理推進事業債」の内容とともに、総務省のホームページで確

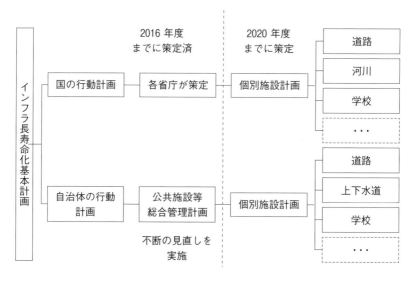

図表 4 インフラ長寿命化基本計画に基づく取組みのイメージ

認できますので、参考にしてください。

　また、「公共施設等総合管理計画」の策定にあたっての指針の改訂に伴い、今後も実効性を高めるための取組みが継続的に求められていくことになるでしょう。策定したままになっている自治体は、改めて指針の改訂内容を確認し、それに準拠する見直しを行う必要があります。

▶▶ 個別施設計画の注意点

　ここで、個別施設計画の策定にあたって注意しなければならない点を挙げておきます。

　まず1点目は、前出のイメージ図（**図表4**）で見てもわかるとおり、個別施設計画の例の1つにハコモノ系の公共施設として、「学校」が掲げられています。これに忠実に従えば、「学校の計画」「生涯学習施設の計画」「福祉施設の計画」とそれぞれの所管課が、異なる計画を作ることになってしまいます。

　ハコモノ系の公共施設は、異なる所管の施設をまとめていく複合化や共用化、多機能化が有力な対策となります。そのためには、複数の所管

課等の連携が必要になります。また、ほとんどの自治体では、総量の削減も避けて通ることはできませんが、所管課等は、できれば統廃合はしたくないというのが本音ではないでしょうか。したがって、公共施設マネジメント担当が、ときにはリーダーシップを発揮しながら、横断的に取りまとめた計画とすることが、その実効性と効果を高めます。

そして2点目は、2020年度までの策定にこだわらないことです。2020年度までに個別施設計画を策定しなければ、「公共施設等適正管理推進事業債」を使えないのであって、この起債を使わないのであれば、2021年以降に策定してもよいのです。

公共施設更新問題への対応は、多くの住民の理解を得なければ進んでいきません。拙速に進めて、後から住民や利用者の大反対を受けるよりも、ときにはじっくりと時間をかけていくことも必要です。

それでも、「公共施設等適正管理推進事業債」を使いたい事業があるのであれば、個別施設計画の中で、メリハリをつけたらどうでしょうか。使いたい事業に関する部分については、完成度を高め、そうでない部分については、後から詳細を決めて見直すというのも1つの方法です。

2|2

◎…〔原因その 1〕

集中している
建設時期

▶▶ マクロではなくミクロで捉える

　ここからは、なぜそのような社会問題が起きてしまうのかを、4 つの原因に分けて具体的なデータを用い、解説していきたいと思います。

　そのために、この章では、神奈川県秦野市におけるミクロのデータを使って説明することにします。なぜなら、マクロのデータを用いて解説をしても、何百万人とか、何兆円という話になってしまい、どこか他人事のようになってしまうからです。

　秦野市は、神奈川県の真ん中より、やや西寄りに位置し、東京からの距離は約 50 キロです。小田急線の急行停車駅が 4 つあり、新宿から電車で 1 時間ほどで着きます。市域の面積は約 100 km² ですが、市域の半分は丹沢大山国定公園であり、森林で

す。残る 50 km² に約 165,000 人が住むコンパクトな自治体です。2019 年度の一般会計予算は約 506 億円、近年の財政力指数は 0.9 前後であり、地方の都市と比べればさまざまな点において、有利な条件にある自治体のはずです。また、平成の大合併はしていませんし、人口や人口密度から見ても、決してハコモノが多い自治体でもありません。

　しかし、そうした自治体でも、公共施設更新問題から逃れることはできないということを、改めて確認していただくことにより、危機感を共有したいと思います。

▶▶ 説明用資料の作成にトライ

　住民や庁内への説明には、自分たちの自治体のデータを使って、自分事として受け止めてもらわなければなりません。また、自分たちだけが損をするかのような問題ではないことを、しっかりと理解してもらう必要があります。

　資料作成は、コンサルティング会社に依頼するのもいいですが、小さな文字で小奇麗に仕上がっていると、どこかよそよそしく感じるものです。職員自らが聞き手である住民の身になって、一生懸命に手作りした資料は、住民との距離を縮めます。

　この章で示すグラフ等は、実際に秦野市において住民等への説明に用いていたグラフをもとに作成しています。Excel と Word のグラフ作成機能で作ることができますので、専門のソフトが必要になるわけでもありません。何をどのように住民等に見せるのか、説明資料作成の際に、参考にしてください。

▶▶ ハコモノには建設の集中した時期がある

　まず、公共施設更新問題を引き起こす1つ目の理由は、公共施設の整備時期の集中です。秦野市のハコモノの建設時期を示した**図表5**をご覧ください。

　秦野市では、1970 年から 1990 年にかけて人口が急増し、それを追いかけるようにハコモノが建設されました。中でも一番集中しているのは 1975 年から 1984 年です。この 10 年間だけで、今、秦野市が所有するハコモノ面積の5割弱に当たる約 15 万㎡が建設されています。

　なお、秦野市のハコモノ建設時期の集中は、1回だけです。この1回の集中にどう対応するかが秦野市の公共施設更新問題です。ところが、集中時期が2回、3回とある自治体もたくさんあります。このことは、第3章で解説します。

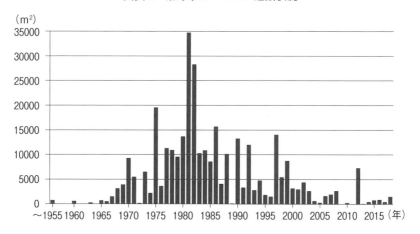

図表 5　秦野市のハコモノ建設状況

▶▶ まずやってくるのは老朽化

　このように一斉に建設されているので、当然、一斉に建て替えなければいけない時期がやってきます。しかし、その前に一斉に老朽化する時期が訪れています。

　図表 6 に秦野市の築年数別のハコモノの割合を示しました。

　鉄筋コンクリート造の建物を 50 〜 60 年にわたり良好な状態で使用していくためには、日常のメンテナンスを行うことはもちろんですが、築 30 年が経過したころに、リフォームのように改修を行う必要があります。

　秦野市では、2008 年には築 30 年を経過したハコモノ面積の割合は、およそ 3 分の 1 でした。しかし、そこから 10 年後の 2018 年には、建築が集中したハコモノがちょうど築 30 年を迎え始め、その割合は、一気に 4 分の 3 近くに達しています。

　一斉の建替えをどうするのかを考えるのと同時に、一斉の老朽化についても対応を迫られています。

図表6　秦野市築年別ハコモノ割合

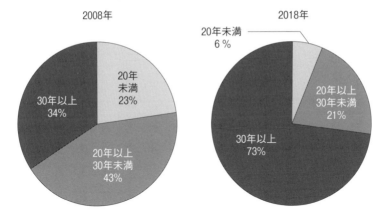

2008年

20年
未満
23%

30年以上
34%

20年以上
30年未満
43%

2018年

20年未満
6%

20年以上
30年未満
21%

30年以上
73%

▶▶▶ 手遅れにならないために体制作りが重要

　秦野市では、これから訪れる一斉の老朽化にどう対応するかを考えなければいけないのですが、東京都や大阪府下の自治体の中には、とっくにこのような状態が訪れていた自治体が多くあります。それは、東京オリンピック（1964年）や大阪万博（1970年）の開催により、ハコモノを集中的に建設した時期が他地域よりも早かったためです。

　ところが、東京や大阪のハコモノが一斉に老朽化し始めたころ、リーマンショックが起き、自治体財政も大きな影響を受けました。大阪府下の自治体の中には、老朽化対策に十分なお金を使えなかった自治体もありました。

　今、そのような自治体では、ハコモノの中でも最も大事な部類に入る小中学校がボロボロになってしまっています。そうした自治体の姿を見ると、ハコモノに限らず、公共施設にお金をかけなければいけない時期に、お金をかけられる体制を作っておくことが、いかに大切なことなのかがよくわかります。

2 | 3

◎…〔原因その2〕
人口減少と高齢化
の進展

▶▶ 日本固有の事情

　建設時期の集中だけでは、公共施設更新問題は起こりません。なぜなら、過去には一斉に建設することができたからです。しかし、これからは、過去と同じようにはいきません。その理由は、公共施設更新問題を引き起こす2つ目の原因である「老朽化とともに進行する人口減少と高齢化」という日本固有の問題があるからです。

　この事情を秦野市のデータを用いて説明します。

▶▶ 人口減少は止まらない

　秦野市の人口とハコモノ面積の推移を示した**図表7**をご覧ください。秦野市は、東京や横浜のベッドタウンとして、1970年代から80年代にかけて急激に人口が増加し、1990年には、1970年の2倍以上の人口になっています。

　この人口の増加に併せるようにハコモノの整備が続きます。1975年頃からハコモノ面積は急激に増え始めました。1995年頃からは微増の傾向に変わりましたが、2015年、秦野市が所有するハコモノは、34万m^{2}に達しています。

　しかし、2010年には一時17万人を超えていた人口も、2012年12月を境に減少が止まらなくなりました。東京からわずか1時間の距離にある自治体でもこうなるのです。

　そして、1975年以降に急激に増え始めたハコモノは、2035年以降順次建替えの時期を迎えます。2035年の人口は、15.4万人へと、2010年

より 1.6 万人減少していくと見込んでいます。

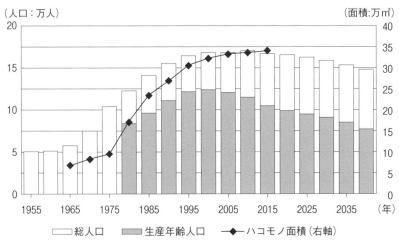

図表7　秦野市の人口とハコモノ面積の推移

注　人口は、2015 年までは国勢調査人口、2020 年以降は秦野市人口ビジョン
（2016 年 3 月）による推計値です。

▶▶▶ 年齢構成が激変する

人口の内訳、中でも生産年齢人口（15 歳以上 65 歳未満）と高齢者人
口（65 歳以上）の変化に目を向けてみます。

図表 8 に示したとおり、2010 年と 2035 年の比較では、人口は 1.6 万
人の減少ですが、主な納税者となる生産年齢人口は、11.3 万人から 8.5
万人へと、総人口の減少よりも 1.2 万人以上も多い 2.8 万人が減少して
しまいます。

この 8.5 万人という生産年齢人口は、秦野市では、1980 年とほぼ同じ
です。当時、秦野市が所有していたハコモノは、17.2 万㎡です。2035
年には、1980 年当時のおよそ 2 倍近くになっているハコモノを、同じ
納税者の数で建て替えなければいけないことになります。

さらに、生産年齢人口と高齢者人口の比率にも着目してみます。

秦野市は、1980 年には、生産年齢人口 12 人で 1 人の高齢者を支えて

いました。しかし、2035 年には、1.7 人で 1 人の高齢者を支えなければ
いけないことになります。生産年齢人口の負担増は 7 倍を超えます。

　また、生産年齢人口は、年少人口（15 歳未満）も支えなければいけ
ません。年少人口は逆に 1980 年より減っていますが、高齢者人口と年
少人口を合わせれば、生産年齢人口一人あたりの負担は 0.46 から 0.81
へと 1.8 倍になります。1.5 倍になっているハコモノの建替えに対する
負担まで背負わせれば、大変な負担増になってしまうことがわかります。

図表 8　秦野市の人口の内訳等の変化

年 区分	1980 年	2010 年	2035 年
人口	12.3 万人	17.0 万人	15.4 万人
年少人口：A	3.2 万人	2.2 万人	1.8 万人
生産年齢人口：B	8.4 万人	11.3 万人	8.5 万人
高齢者人口：C	0.7 万人	3.5 万人	5.1 万人
生産年齢の負担：(A＋C)/B	0.46	0.50	0.81
ハコモノ面積	17.2 万 m^2	33.7 万 m^2	

▶▶ 視覚的な効果のある説明

　ここまででも十分に危機感が伝わると思いますが、住民や公共施設の
利用者への説明は、1 回あたりの時間も限られています。人口減少と高
齢化の進展を説明するとき、推移を表すのも 1 つの方法ですが、時間が
短い場合、もっと効果的で印象を残すことができる説明方法があります。
それは、人口ピラミッドを示すことです。

　図表 9 は、秦野市の人口ピラミッドですが、こんな説明の仕方を参
考にしてください。細かな数字を用いて比較しなくても、聞いている方
には、強い印象が残ると思います。

　「ハコモノがたくさん建設されていた 1980 年と、それらのハコモノが
耐用年数を迎える 60 年後、2040 年の人口ピラミッドです。どちらも壺
の形に似ていますが、1980 年は、支える側である下がどっしりと安定

した形です。ところが、2040年は、同じ壺の形でも、下が痩せ細った壺です。どちらが倒れやすいかは、一目瞭然ですよね。自治体の財政も倒れやすくなっているのは、同じことです。将来、今と同じ量のハコモノを建て替えることは、難しくなるでしょう」

図表9　秦野市の人口ピラミッド

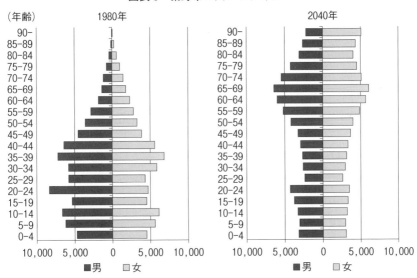

※　1980年は国勢調査、2040年は秦野市人口ビジョン（2016年3月）による推計値です。

2|4 ◎…〔原因その３〕税の果たす役割の変化

▶▶ すでに始まっている超高齢社会

　ハコモノが一斉に老朽化し、一斉に建て替える時期が迫る中、人口は減り続けるとともに、人口構成も大きく変化していきます。そうなると、自治体財政も大きな影響を受けますが、すでに自治体財政は、税の果たす役割の変化により、大変厳しい状況になっています。これが、公共施設更新問題を引き起こす３つ目の原因となります。

　図表10は、秦野市の国民健康保険会計、後期高齢者医療会計、介護保険会計の決算状況の推移について、2008年度の額を100として表したものです。

図表10　秦野市の国民健康保険会計等の決算状況の推移

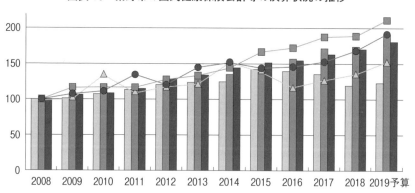

　3つの会計ともに、事業費（縦棒グラフ）がどんどん増え続けていることがわかります。しかし、この3つの会計は、保険料を徴収していますので、本来、保険料で賄うべき会計です。事業費が伸びても保険料で事業費が賄えれば問題とはならないはずです。ところが、それができず赤字になってしまっています。これは秦野市固有の事情ではなく、日本中の自治体がほとんど同じ状況にあるはずです。

　そして、その赤字を放置しておくことはできないため、一般会計からの繰入れ（税金による赤字の補てん）が行われます。その繰入金の額（折れ線グラフ）も事業費の伸びとともに、どんどん増え続けます。この先、高齢者の割合はもっと高まっていきます。保険料の大幅な値上げなど（実際にはできないでしょう）、制度の大幅な変更がない限り、この傾向は拡大していくでしょう。

　人口構成の大きな変化は前に述べましたが、支える側が多かった時代は、制度を使う人よりも、保険料を支払う側が多かったため、これらの会計に使われる税金はわずかでした。しかし、今や医療や介護保険会計の赤字の補てんは、税金の大切な役割の1つとなっているのです。

▶▶▶ 子育て支援も大切

　医療や介護を支えるとともに、近年になって税の役割に多くを占め始めたのは、子育て支援です。

　出生数が減り続ければ、人口が減り続けます。また、すでに生産年齢人口が減り始めている今、女性の労働力も非常に大切です。そのため子育て支援にも力を入れなければいけません。

　この子育て支援をはじめとする福祉関係の経費を扶助費と呼びます。秦野市における扶助費等の変化を**図表11**に表しました。

　2000年から2010年にかけて、秦野市の扶助費は2.2倍になり、その後もどんどん増え続けています。多かれ少なかれ、日本中の自治体が同じ状況にあると思いますが、扶助費という支出が増えても、それを賄える収入が増えていれば問題にはなりません。

　しかし、扶助費の増加に見合うほど収入は増えないので、何をして賄っ

てきたかというと、公共施設の維持や更新に充てる投資的経費の圧縮で
す。これも日本中の自治体で同じことが行われてきたと思います。この
ような状態で、本当に一斉の改修や建替えに対応できるのでしょうか。

図表 11　秦野市の扶助費等の推移

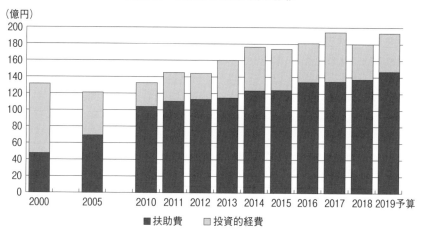

▶▶ 税の使われ方が全く変わってきている

　では、医療や介護にかかる赤字の補てんや、子育て支援をはじめとす
る扶助費の増加が、自治体財政にどのような影響を及ぼしているかを見
てみることにします。

　図表12 に秦野市の 1995 年と 2015 年の性質別決算額を表しました。

　医療や介護の赤字を補てんする繰出金と、子育て支援等に充てる扶助
費を合計すると、1995 年は、決算額の 5 分の 1 程度を占めるにすぎま
せんでした。ところが、ここからたった 20 年経った 2015 年には決算額
の半分近くを占めるに至っています。その影響を一番受けているのは、
一目瞭然で、公共施設の維持や更新に使われる普通建設事業費が、決算
に占める割合は、およそ 3 分の 1 から 10 分の 1 になってしまっています。

　この先も、扶助費を必要とする高齢者の割合は高まり、また、保育所
の整備などの子育て支援もさらに充実させていく必要があります。2019

年10月からの幼児教育・保育の無償化により、保育にかかる国の負担が増え、自治体の負担は、多少軽くなりますが、扶助費の拡大傾向は、今後も続いていきます。今までと同じ考え方で財政運営をしていたら、公共施設に充てるお金は、今後も増やすことはできなくなります。

図表 12　秦野市の性質別決算の変化

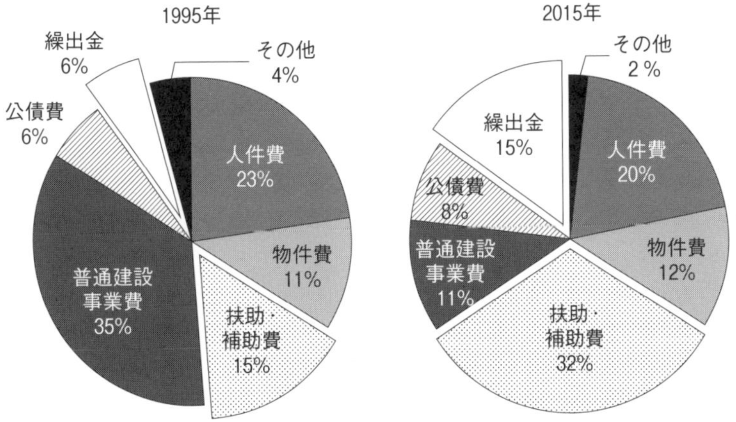

1995年

繰出金
6%

その他
4%

公債費
6%

人件費
23%

普通建設
事業費
35%

物件費
11%

扶助・
補助費
15%

2015年

その他
2%

繰出金
15%

公債費
8%

普通建設
事業費
11%

人件費
20%

物件費
12%

扶助・
補助費
32%

　なお、自治体によっては、繰出金に、上下水道事業の赤字の補てんに充てられるお金が含まれている場合があります。インフラ系の公共施設にも整備の集中時期があり、更新問題が訪れることは同じです。

　上下水道事業の経営が赤字になっている自治体では、財務体質の強化は急務です。そうしなければ、上下水道施設のみならず、繰出金が一般会計を圧迫し、ハコモノにまで悪影響を及ぼします。

◎…〔原因その4〕
急激に膨張する
更新費用

▶▶ 何とかなるのでは？

　公共施設の整備によって、財政が危機的状況になった自治体はいくつかありますが、破たんした自治体は、夕張市だけです。読者の皆さんの中には、この先、一斉にハコモノを建て替える時期がやってきても、漠然と何とかなるのではないかと思う方がいても不思議ではありません。

　しかし、漠然と「何とかなる」と建て替えていけば、ハコモノの更新費用は急激に膨張し、税収が増える見通しも立たない中で、財源の多くを占める借金の波に、自治体財政は飲み込まれてしまいます。これが公共施設更新問題を引き起こす4つ目の原因です。

▶▶ 建替え費用はいくらかかる？

　まず、すべてのハコモノを建て替えると、いくらかかるか試算します。

　図表13は、秦野市の2021年から2060年までにおけるハコモノ建替え費用を示したものです。試算条件は、次のとおりです。細かな設定をしたとしても、圧倒的な資金不足が起きることは同じですから、この段階では、この程度の条件設定で十分です。

　条件①　木造は築30年、鉄骨造は築45年、鉄筋コンクリート造は築60年で建て替える。
　条件②　建替え後の構造は鉄筋コンクリート造とし、建替え費用の単価は、学校30万円/m²、その他の施設35又は40万円/m²とする。ただし、特別な設備等が必要な場合は、別途加算する。

条件③　小中学校は、児童・生徒の減少に合わせて縮小して建て替える。この際には、文部科学省の施設整備基準の面積を採用する。また、それ以外の施設は、今と同じ規模を維持する。

建替え費用の総額は、831 億円となりました。年平均 20 億円以上が必要になりますが、ピークになる 2036 年からの 10 年間は、年平均 40 億円近くが必要になります。秦野市の一般会計予算は、480 〜 490 億円です。繰出金や扶助費が普通建設事業費を圧迫し続けている中で、ハコモノの建替えに予算の 1 割を充てることを 10 年間続けることは、今でも不可能なことです。将来は、もっと不可能に違いありません。

図表 13　秦野市のハコモノ建替え費用の推移

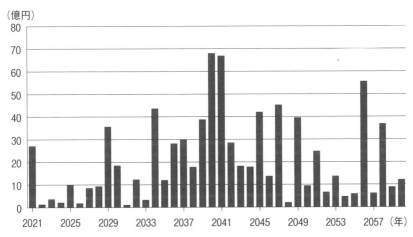

▶▶ でも、借金すれば建て替えられる？

自治体がハコモノを建て替える場合、国や都道府県から補助金が出る場合があります。しかし、それで建替え費用が賄いきれるものではありません。財源の多くは、自治体の負担となりますが、そのすべてをキャッシュで支払うこともできないので、大半を借金で賄います。

そこで、すべてのハコモノを建て替えた場合、秦野市の借金はどうなるのかを試算してみます。試算条件は、次のとおりです。

条件①　小中学校は、国庫補助金 30％、起債 56％、一般財源 14％

条件②　他のハコモノは、国庫補助金 0％、起債 80％、一般財源 20％

条件③　起債は、金利 0.5％で、元金 3 年据え置き後、25 年均等償還

図表 14 に示したとおり、2021 年からの 40 年間における起債の償還と一般財源の負担は、総額 495 億円となりました。年平均 12 億円、ピーク時には 28 億円の償還が必要になります。

秦野市の 2019 年度予算における公債費は、約 32 億円です。このうち、公共施設にかかる公債費は約 10 億円で、さらにこのうち、ハコモノにかかる公債費は、約 7 億円です。これから先、平均で 2 倍に、ピーク時には 4 倍にする必要があることになります。

この先、ハコモノ以外にも多くの公共施設が更新時期を迎えますが、更新費用の財源の多くは、起債に頼らざるを得ません。ハコモノに多くの起債を充て、それを償還していくことは、不可能なことになります。

図表 14　秦野市のハコモノ建替えにかかる起債償還等額の推移

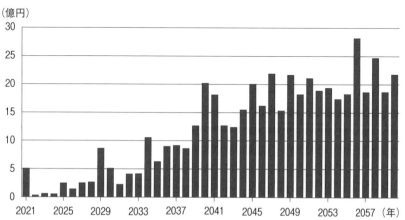

▶▶ 昔は整備できたのに今はできないわけ

　秦野市では、1975 年から 1984 年の 10 年間に約 15 万 m² ものハコモノを整備してきましたが、なぜ、今は同じようにできないのでしょうか。

　図表 15 は、秦野市の 1975 年と 2017 年の歳入決算額と市債残高を比較したものです。貨幣価値が変わっていますので、どちらも歳入の額を 100 とした比較です。

　これから公共施設の大量建設が始まる 1975 年、市債残高は、年間収入の 4 分の 1 に相当する程度しかありませんでした。ここからハコモノにかかる借金を続けても、この後も人口は増え続け、税収も増え続けました。借金の重みは、どんどん軽くなっていったはずです。

　ところが、2017 年の市債残高は、年間の収入の 3 分の 2 に相当する額にまで増えています。

　しかも、この先、人口や税収は、増えるどころか減っていきます。たとえ同じ残高であっても、年々、借金の重みは増していってしまいます。今は、他の自治体より借金が少ない秦野市でも、これから大きな借金を背負ってしまえば、財政は危機的状況になると試算しています。

図表 15　秦野市の歳入額と市債残高の比較

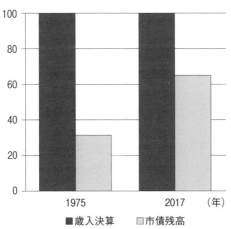

2│6 ◎⋯ハコモノ以外の公共施設更新問題

▶▶ ハコモノ以外の公共施設

公共施設には、ハコモノ以外にもインフラ系とプラント系の公共施設があります。高度経済成長期に多くが整備され、この先、人口減少と高齢化が進む中で更新時期を迎えていくことはみな同じです。

「公共施設等総合管理計画」では、ハコモノ以外の公共施設についても、その整備費用を試算することが「公共施設等総合管理計画の策定にあたっての指針」に定められています。

各自治体においても試算されていることと思いますが、秦野市の「公共施設等総合管理計画」では、公共施設全体にかかる 2011 年から 2050年の更新費用は、ハコモノ全体の 3 倍近くになると試算しています。

▶▶ 道路、橋、トンネル

まず、インフラ系の公共施設の中でも、道路、橋、トンネルについて触れておきたいと思います。

図表 16 は、秦野市の道路延長と、道路・橋りょう費の決算額の推移を表したものです。

秦野市では、2012 年以降、人口減少が続いていますが、道路延長は、毎年増え続けています。人口が減ったとしても、新たな土地利用が行われれば、そこに道路はできていきます。

では、道路が増えれば増えるだけ、充てられるお金は増えているのかといえば、道路・橋りょう費の決算額は、近年回復傾向はあるものの、全体としては、減り続ける傾向にあります。増え続ける道路を、減り続

ける予算で賄おうとしていることがわかります。

図表 16　秦野市の道路延長と道路・橋りょう費の推移

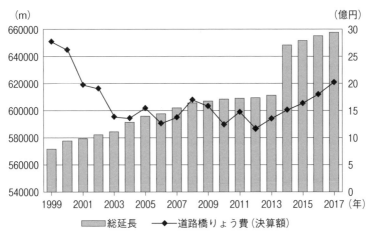

※　2014 年に大きく増えているのは、道路台帳整備が完了し、認定した道路が多かったことによるもので、新たに整備したものではありません。

　また、**図表 17** は、秦野市の「公共施設等総合管理計画」に示された橋りょうの整備状況です。橋りょうは、ハコモノと同様に集中整備が行われた傾向があり、これは、秦野市に限ったことではありません。

　現在、国土交通省からの補助金の採択要件となることから、橋やトンネルの長寿命化修繕計画を策定した自治体は多いと思います。橋やトンネルの老朽化による事故は、通行する車両や人に大きな被害をもたらすことになりやすく、通行できないことによる社会生活への影響も大きなものとなります。そのため、これらの老朽化対策は、優先的に進める必要があるからです。

　しかし、補助金は、事業費の 10 割ではありません。財源不足により、長寿命化修繕計画自体の長寿命化をせざるを得ない自治体もあります。

　ハコモノであれば、統廃合や複合化により、役割を維持しながら面積を減らしていく方法をいろいろと考えることができます。また、同じインフラ系の公共施設である上下水道には、料金制度があります。

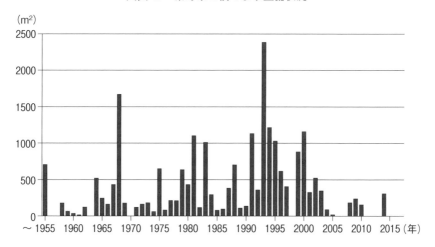

図表 17　秦野市の橋りょう整備状況

ところが、道路は、統廃合できません。橋も小さなものが近くにあれば、1つにできるかもしれませんが、ほとんどができないでしょう。それどころか、道路や橋は、この先もまだ増えます。にもかかわらず、自治体が管理する一般道には、料金制度もなく、税金で支えるしかありません。

こうしたことをふまえると、この先、道路や橋にかかる更新費用の負担も、重たいものとなっていき、他の公共施設の更新問題よりも、根深い問題になりかねません。

▶▶ 上下水道

こちらも、都市化の進展とともに日本中で集中的な整備が進み、この先、一斉に老朽化して、一斉に更新時期を迎えることは、ハコモノと同じです。特に下水道は、国策として国費が大量に投入されて整備が行われましたので、汚水管は、古くから普及していた水道管よりも新しく、整備の集中の度合いが高い自治体が多くあります。

図表 18 は、秦野市の「公共施設等総合管理計画」に示された水道管と下水道管にかかる今後の更新費用の推移です。

　秦野市では、水道管にかかる負担は、2030年代後半までが高くなっています。逆に下水道管は、そのころから負担が高くなります。

　ただし、幸いなことに、水道と下水道事業には、料金制度があります。水道事業には、古くから企業会計が採用されています。下水道事業についても、独立採算に向けて、日本中で企業会計への移行が進んでいます。この企業会計により維持・更新が行われる公共施設は、他の公共施設に比べれば、更新問題への計画的な対応がしやすくなります。詳しくは、8-4で解説しています。

　しかし、この先、際限なく使用料を引き上げるわけにもいきません。また、下水道事業のうち、雨水処理は、税金で賄われていることに加え、水道の浄水場や、下水の処理場などの規模や費用負担が大きなプラント系の公共施設を更新する時期もやってきますが、そのときの負担は、かなり大きいものとなります。この先も、「税に頼ることにはならない」とは言い切れません。

図表18　秦野市の上下水道管の更新費用予測

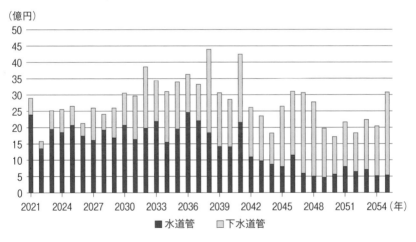

2 | 7 ◎…すべてを維持する ことは不可能

この章の内容を簡潔にまとめましたので、もう一度確認してください。
しっかりと頭の中に入れておきましょう。

> ハコモノの建設時期は、1960年代から1980年代に集中している。
> 今、それらの老朽化が進み、改修費用を確保しなければならない。
> また、あと10年から20年後には大量に建て替えなければならない。

> しかし、平行して人口減少と高齢化が進んでいる。
> この先、税収が増える見込みが立たない。
> 特に生産年齢人口が減少し、生産年齢の負担は重くなっている。

> すでに、税の使われ方は大きく変わってしまっている。
> 医療や介護保険会計の赤字の補てん、子育て支援等の福祉費用が増加。
> その影響を一番受けているのは、建設事業費。

> すべてのハコモノを建て替えるためには、大きな事業費が必要。
> 財源の大半は、借金となり、大きな借金を抱えることに。
> 大きな借金を抱えたまま税収が減れば、財政は危機的状況に。

> ハコモノ以外の公共施設にも、整備時期の集中がある。
> 減るどころか、増え続ける道路に対し、予算は減り続ける。
> プラント系の公共施設更新の負担は重いが、なくすことはできない。

▶▶ 3つの結論

　ここに、ハコモノの公共施設更新問題に関する3つの結論を記載します。このことは、住民の皆さんにもしっかりと伝えなければいけません。それは、公共施設マネジメント担当として、最初のつらい仕事になるかもしれません。なぜなら、今まで大勢の住民の方に愛されてきたハコモノに、余命宣告をするのと同じことだからです。

　しかし、この先の取組みを進めていくために重要なことは、住民の皆さんと危機感を共有していくことです。ここで曖昧な、もって回った言い方をしてしまえば、住民の皆さんには危機感が生まれません。ここはつらくても、はっきりと本当のことを伝えてください。

---

① すべてのハコモノを維持することは、不可能です。

---

② 自分のまちだけの問題ではありません。日本中のまちで同じ問題が起こります。

---

③ 結論を先送りすれば、次世代、その次の世代に大きな負担を押し付けることになります。

COLUMN・2

かなうものなら

　2つ目の記憶に残る自治体は、2014
年1月に訪れた鹿児島県知名町です。
どこにあるのかというと、鹿児島空港
から小さなプロペラ機で1時間半、沖
縄本島のすぐ北にある沖永良部島です。
町の面積は 53 km^2 で人口は 6,000 人、
ほぼ同規模の和泊町とともに島を形成しています。

　地元では「奄振（あましん）」と呼ばれている法律があります。正
式には、奄美群島振興開発特別措置法といいますが、奄美群島の自立
的発展、住民の生活の安定などを図ることを目的に振興と開発を進め
るため、国が特別の措置を講じるための法律です。

　こうした目的なので、法に基づく振興メニューは、公共事業のオン
パレードです。私が訪ねたときも、学校の建替えが「奄振」を活用し
て終了したところで、立派な校舎が建っていました。ところが、役場
の床は、コンクリートがむき出しのまま。研修会場の公民館は、鉄製
のトイレの窓枠が潮風で朽ちていました。メンテナンス費用が十分に
確保できていなかったのです。

　作るときの負担は、国により低く抑えられる。しかし、その後の維
持費が十分に工面できない町の姿は、国の縮図のように感じました。

　また、なぜ隣の町と平成の大合併しなかったのか。消防と斎場は、
共同になりましたが、建てたのは2つの町の境界上。合併しない理由
は、推して知るべしです。離島にある小さな自治体にも、公共施設更
新問題が訪れます。そして、そこには、その町ならではの課題があり
ます。本土よりも厳しい条件の中、何とかその課題を克服し、問題に
立ち向かおうとする姿に頭が下がりました。

　研修後、総務課長さんから「かなうものなら、また呼びたい」と言っ
ていただきましたが、行きに2回、帰りに3回、飛行機でお尻が浮き
ました。そのたびに背中に冷たい汗が流れました。かなうものなら気
流が穏やかな季節でお願いします。飛行機が苦手なので……。

第 3 章

客観的に見るハコモノ事情

　　分の自治体の公共施設につい
自　て、「多いのか、少ないのか」
「どのくらい減らす必要があるのか」
など、担当者であれば、誰もが疑問
を持つはずです。その疑問を解決す
るために、全国のデータから導き出
される「日本のハコモノ事情」から、
皆さんの自治体に合ったハコモノ運
営を知るための情報を解説します。

3│1 ◎…私のまちの ハコモノは多い、 少ない？

▶▶ 公共施設状況調査

　自分や他の自治体の公共施設の状況を知るためには、総務省が毎年行っている「公共施設状況調査」の結果が役に立ちます。

　この調査では、ハコモノ面積も調査項目の1つになっていますが、2010年度分までは、公表されていませんでした。しかし、2012年1月、日本で初めて、各自治体のハコモノ面積を網羅的に調べたデータが、東洋大学PPP研究センターから公表されたことをきっかけにして、公表されるようになりました。

　この調査は、東洋大学大学院経済学研究科公民連携専攻院生・修了生及び神奈川県秦野市職員の有志によって組織された「社会資本基礎データ研究会」が行ったものです。

　研究会のメンバーは、日常の勤務を終えた後、各自治体のホームページを一つひとつ調べ、統計書や、広報紙に載っている981自治体のデータを拾い上げました。こうした草の根ベースでの努力が実り、2011年度分の公共施設状況調査のデータから、毎年各自治体のハコモノ面積が公表されるようになりました。

　このため、もう少し長いスパンでの推移がわかれば、もっと深く掘り下げられるかもしれませんが、本書で用いる分析は、2011年度以降のデータの比較であることをご了承ください。また、人口は、その年度中の1月1日における住民基本台帳人口、ハコモノ面積は、年度末の数値となります。

▶▶ 人口とハコモノの関係

　一般的には、人口が多い自治体ほどハコモノの総面積は多くなります。しかし、総面積を用いても、相対的に多い、少ないが比較しにくいので、客観的に比較する指標として、住民一人あたりのハコモノ面積を用いることにします。この指標をもとに、人口に応じた標準的なハコモノ面積と、自分の自治体のハコモノ面積を比較しましょう。

　まず、2017 年度決算のデータに基づき、全国 1,741 市区町村の住民一人あたりのハコモノ面積と人口との関係をグラフに示しました（**図表19**）。グラフは、縦軸、横軸ともに、最大値と最小値の差が大きいために、対数目盛で表していますのでご注意ください。

　このグラフから、住民一人あたりのハコモノ面積は、人口が多くなるほど、少なくなることがわかります。

図表 19　住民一人あたりのハコモノ面積と人口との関係

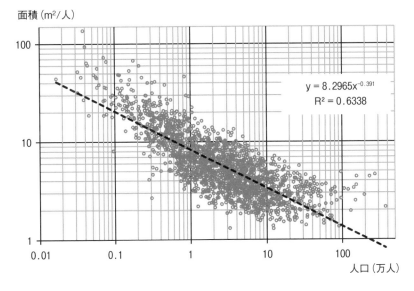

面積（m²/人）

$$y = 8.2965x^{-0.391}$$
$$R^2 = 0.6338$$

人口（万人）

　そして、グラフの傾向を表す近似曲線（右下がりの点線）は、人口に応じた標準的なハコモノ面積を表しています。

自分の自治体の人口から見た標準値は、近似曲線の式 $y = 8.2965x^{-0.391}$ に x 値（人口）を入れて計算することができます。なお、この式を用いて自分の自治体と対比する場合は、必ず 2017 年度のデータを用いてください。

▶▶ 人口密度とハコモノの関係

　次に、先に次項に進んで**図表22**「2017 年度ハコモノ総面積ランキング（下位 30 市区町村）」を見てください。No. 3 の富山県舟橋村と、No. 14 の長野県南牧村は、人口はほぼ同じなのに、ハコモノ面積は 2 倍を超える差があります。この差を生むのは、人口密度です。

　富山県舟橋村の人口密度は 883 人/Km²、長野県南牧村は 24 人/Km² です。住民一人あたりのハコモノ面積は、人口密度との関係もあります。では、それを証明してみることにします。1,741 市区町村の住民一人あたりのハコモノ面積と人口密度との関係を**図表20**に示しました。

　住民一人あたりのハコモノ面積は、人口密度が高くなるほど、少なくなることがわかります。

図表 20　住民一人あたりの面積と人口密度との関係

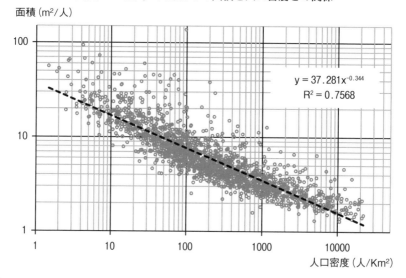

人口での比較の場合と同様に、近似曲線は、人口密度に応じた標準的な値を示しています。人口との関係を表すグラフと比べても、マーカーが近似曲線にそってギュッと凝縮されていることが一見してもわかります。住民一人あたりのハコモノ面積は、人口よりも人口密度との関係が強いことがわかります。

なお、自分の自治体の標準値は、人口と同じように計算をしてみてください。人口から見た1つの目安とは、また違う結果が見えてきます。

ちなみに、神奈川県秦野市は、人口から見た標準値は 2.75 m²/人、人口密度から見た標準値は、2.97 m²/人です。実際には 1.98 m²/人なので、人口、人口密度のどちらから見ても、標準値より大幅に少ないことがわかります。それでも、公共施設更新問題から逃れることはできず、3割以上のハコモノを減らす目標を立てています。これが、公共施設更新問題の現実です。

▶▶ 両面からの比較が必要

各自治体の「公共施設等総合管理計画」を見ると、人口規模の同じ自治体との比較を用いて、ハコモノの量を検証している場合が多いようです。しかし、その比較で、ハコモノが多いと結論付けるのは早計です。人口密度での比較も用いて初めて、自分の自治体のハコモノは、他の同規模の自治体と比較して、多いのか、少ないのかの結論を得られます。

そして、多いのであれば、何が多いのか。ほぼ同じ人口規模で、同じ程度の人口密度の自治体を探し出して比較をしてみれば、原因がわかるはずです。公営住宅が多い、学校が多い、集会施設が多いなど、原因はさまざまだと思いますが、はっきりとした原因を示すことができれば、住民に対しても、より説得力のあるデータとなるに違いありません。

他の自治体のハコモノのデータは、その自治体の「公共施設等総合管理計画」や、毎年、総務省から都道府県を通して、公共施設状況調査の所管課に送られてくる「公共施設状況カード」というファイルで知ることができます。まずは、こうしたデータを使いこなしてみてください。

◎…ハコモノ面積
ランキング

▶▶ ハコモノ面積ランキング

　ここからは、市区町村のハコモノ面積に関するランキングをまとめました。単なる雑学として興味を持っていただいても結構です。

　それは、好奇心は、分析の原動力になるからです。なぜだろう、どうしてだろうと考え、その原因を探っていくうちに、自然と分析力が身に付くはずです。ぜひ、大いなる好奇心を持って読み進めてみてください。

▶▶ ハコモノ総面積ランキング

　ハコモノ総面積の上位と下位、それぞれ30市区町村を**図表21・22**にまとめました。

　上位には、人口が多い政令市や都道府県庁所在市がずらりと並びます。日本でハコモノが一番多い市区町村は、人口が一番多い横浜市ではなく、大阪市です。横浜市は、3番目になります。

　人口が多い東京23区は、1つもランキングに入りませんでした。その第一の理由は、人口密度が高いことにあります。また、これに加えて、特別区と都の役割分担は、市町村と道府県との役割分担とは違うことにもあります。

　人口では51番目の富山市が25位に、同じく人口49番目の長崎市が22位にランキング入りしています。富山市では、コンパクト・プラス・ネットワークのまちづくりを強く前に進めています。人口が少ない割にハコモノが多い自治体では、こうした取組みの必然性が高くなります。

　ちなみに、町村の中で最も多いのは、宮城県亘理町の390,961 m²で、

全体の 265 位になります。

　また、ハコモノ総面積が少ない市区町村を見ると、すべて町か村になり、地形が島である村が目立ちます。ハコモノ面積が 1 万 m^2 未満の市区町村は 4 つ、2 万 m^2 未満でも 19 しかありません。首都圏からは唯一、埼玉県東秩父村が 21 位でランキング入りしています。

　7 位の京都府南山城村、15 位の笠置町、20 位の和束町は、隣接しています。このエリアにおける住民の気質もあると思いますが、隣の自治体にあれば、うちにも欲しいとなるのがハコモノです。お互いに背伸びすることなく、自治体の状況に合った行政運営を続けてきた自治体であるといえます。

　ちなみに、市の中で最も少ないのは、千葉県勝浦市の 77,738 m^2 です。市区町村全体で少ないほうから 536 位になります。

▶▶▶ 住民一人あたりハコモノ面積ランキング

　また、住民一人あたりのハコモノ面積の上位と下位、それぞれ 30 市区町村を図表 23・24 に示しました。

　多い市区町村では、人口密度が 1 桁と非常に低い自治体が目立ち、逆に少ない市区町村では、人口密度が 1 万人を超えるような高い自治体が目立ちます。また、多い市区町村では、離島の村も目立ちます。島は、近隣の自治体に頼ることもできず、その中で日々の生活が完結できなければなりません。そのため、ハコモノが多くなる傾向があります。

　夕張市が、多い市区町村の 15 位にランキングされました。財政再生団体となって、多くのハコモノを減らしていますが、それでもまだ、全国でもトップクラスの多さです。公営住宅も多く、駅近くへの集約も進めていますが、それを除いてもなお多めです。ハコモノの過剰な整備が、財政に危機的影響を与えたことがわかります。

　目を引くのは、下位ランキング 15 位の静岡県藤枝市で、唯一人口密度は 3 桁の自治体です。隣接する焼津市との広域連携なども進めていますが、なぜこれだけハコモノを少なくできるのか、多くの自治体が学ぶ必要があります。

図表 21　2017 年度ハコモノ総面積ランキング（上位 30 市区町村）

No.	自治体名		面積（m²）	人口（人）
1	大阪府	大阪市	12,456,616	2,702,432
2	愛知県	名古屋市	10,037,894	2,288,240
3	神奈川県	横浜市	8,044,002	3,737,845
4	兵庫県	神戸市	6,796,561	1,542,935
5	北海道	札幌市	5,554,324	1,952,348
6	福岡県	福岡市	5,491,182	1,529,040
7	京都府	京都市	4,767,358	1,415,775
8	福岡県	北九州市	4,685,609	961,024
9	広島県	広島市	3,852,314	1,195,327
10	神奈川県	川崎市	3,713,823	1,488,031
11	宮城県	仙台市	3,486,752	1,060,545
12	新潟県	新潟市	2,699,559	796,773
13	千葉県	千葉市	2,549,843	967,832
14	埼玉県	さいたま市	2,537,777	1,292,016
15	静岡県	浜松市	2,428,921	807,013
16	熊本県	熊本市	2,380,156	734,317
17	鹿児島県	鹿児島市	2,236,485	605,506
18	静岡県	静岡市	2,223,650	706,287
19	大阪府	堺市	2,099,092	840,622
20	岡山県	岡山市	2,012,756	709,188
21	兵庫県	姫路市	1,946,019	538,488
22	長崎県	長崎市	1,834,400	426,631
23	兵庫県	尼崎市	1,677,905	462,744
24	神奈川県	相模原市	1,664,503	718,192
25	富山県	富山市	1,654,255	418,045
26	愛媛県	松山市	1,582,966	514,877
27	長野県	長野市	1,574,371	380,459
28	愛知県	豊田市	1,562,340	425,172
29	兵庫県	西宮市	1,547,009	485,225
30	岡山県	倉敷市	1,537,683	483,901

図表 22　2017 年度ハコモノ総面積ランキング（下位 30 市区町村）

No.	自治体名		面積（m²）	人口（人）
1	東京都	青ケ島村	7,347	166
2	長野県	根羽村	7,686	952
3	富山県	舟橋村	8,195	3,064
4	和歌山県	北山村	8,385	449
5	東京都	利島村	10,266	321
6	鹿児島県	三島村	10,362	384
7	京都府	南山城村	11,599	2,819
8	沖縄県	粟国村	13,145	709
9	山梨県	鳴沢村	14,652	3,167
10	長野県	王滝村	14,920	778
11	新潟県	粟島浦村	16,250	355
12	沖縄県	座間味村	16,560	923
13	東京都	御蔵島村	16,706	320
14	長野県	南牧村	17,451	3,172
15	京都府	笠置町	18,001	1,392
16	徳島県	佐那河内村	18,425	2,412
17	沖縄県	渡嘉敷村	18,441	701
18	鳥取県	日吉津村	18,987	3,550
19	奈良県	黒滝村	19,723	737
20	京都府	和束町	20,520	4,069
21	埼玉県	東秩父村	20,760	2,910
22	山梨県	丹波山村	20,806	578
23	東京都	神津島村	20,955	1,894
24	高知県	馬路村	22,029	904
25	群馬県	神流町	22,861	1,921
26	高知県	北川村	22,912	1,318
27	大分県	姫島村	22,929	2,090
28	長野県	大鹿村	23,336	1,042
29	島根県	知夫村	23,568	614
30	岡山県	新庄村	24,085	956

図表23　2017年度住民一人あたり面積ランキング（上位30市区町村）

No.	自治体名		面積（m²）	人口（人）	人口密度（人/Km²）
1	沖縄県	渡名喜村	137.06	378	98
2	高知県	大川村	93.69	400	4
3	鹿児島県	十島村	72.99	709	7
4	北海道	中頓別町	67.56	1,762	4
5	北海道	音威子府村	65.93	771	3
6	奈良県	野迫川村	64.10	418	3
7	長野県	平谷村	60.60	433	6
8	北海道	利尻町	60.10	2,100	27
9	福島県	檜枝岐村	56.28	576	1
10	北海道	幌加内町	53.25	1,553	2
11	東京都	御蔵島村	52.21	320	16
12	北海道	西興部村	48.73	1,117	4
13	奈良県	上北山村	48.70	520	2
14	愛知県	豊根村	48.27	1,156	7
15	北海道	夕張市	46.40	8,362	11
16	長野県	売木村	46.37	556	13
17	新潟県	粟島浦村	45.77	355	36
18	島根県	海士町	45.55	2,286	68
19	沖縄県	北大東村	44.99	572	44
20	東京都	青ケ島村	44.26	166	28
21	北海道	中川町	43.23	1,577	3
22	群馬県	上野村	42.47	1,223	7
23	北海道	歌志内市	41.11	3,408	61
24	北海道	上砂川町	40.31	3,125	78
25	北海道	猿払村	40.11	2,723	5
26	熊本県	産山村	38.86	1,523	25
27	島根県	知夫村	38.38	614	45
28	沖縄県	伊江村	38.22	4,596	202
29	山梨県	小菅村	36.21	729	14
30	山梨県	丹波山村	36.00	578	6

図表24　2017年度住民一人あたり面積ランキング（下位30市区町村）

No.	自治体名		面積（m²）	人口（人）	人口密度 （人/Km²）
1	東京都	国分寺市	1.30	121,673	10,617
2	愛知県	大治町	1.31	32,447	4,924
3	東京都	世田谷区	1.36	900,107	15,506
4	東京都	小金井市	1.39	120,268	10,643
5	東京都	中野区	1.41	328,683	21,083
6	東京都	杉並区	1.46	564,489	16,573
7	東京都	豊島区	1.50	287,111	22,068
8	埼玉県	新座市	1.52	165,486	7,265
9	千葉県	我孫子市	1.56	132,388	3,068
10	東京都	板橋区	1.56	561,713	17,434
11	東京都	狛江市	1.56	81,788	12,799
12	東京都	調布市	1.57	232,473	10,773
13	東京都	西東京市	1.57	201,058	12,766
14	東京都	江戸川区	1.59	695,366	13,935
15	静岡県	藤枝市	1.59	146,173	753
16	千葉県	鎌ケ谷市	1.60	109,919	5,214
17	東京都	国立市	1.60	75,723	9,291
18	東京都	練馬区	1.60	728,479	15,151
19	東京都	小平市	1.61	191,308	9,328
20	東京都	東村山市	1.65	151,018	8,811
21	埼玉県	草加市	1.65	247,991	9,031
22	東京都	東久留米市	1.66	116,830	9,071
23	東京都	東大和市	1.67	85,718	6,387
24	埼玉県	上尾市	1.67	228,480	5,020
25	埼玉県	越谷市	1.68	340,862	5,658
26	大阪府	寝屋川市	1.69	235,705	9,543
27	千葉県	流山市	1.72	185,460	5,251
28	東京都	葛飾区	1.72	460,423	13,231
29	東京都	三鷹市	1.73	186,375	11,350
30	東京都	大田区	1.74	723,341	11,891

3│3 ◎…私のまちの建設 パターンは？

▶▶ 面積の次に確認すること

　3－1では、自分の自治体のハコモノの面積は、他の自治体に比べて多めなのか、少なめなのかを知ることができました。次に知る必要があるのは、自分の自治体のハコモノ整備が集中した時期です。

　自治体のハコモノ整備が集中した時期には、3つの典型的なパターンがあります。

▶▶ Aパターン：大都市近郊型

　まず、自治体の多くが当てはまるハコモノ整備の集中時期があります。それは、**図表25**に示すとおり、1960年代から70年代にかけてです。この時期に人口が増えていた自治体はもちろんですが、増えていない自治体でも、この山があります。

　その理由は、高度経済成長です。日本中にお金が回っていたこの時期、自治体は、こぞって木造の建物を鉄筋コンクリート造に建て替え、また、新たに建設していました。

　左側の山は、昭和でいえば40年代に集中しているパターンです。オリンピックや、万博で人口が増える時期が早かった東京都、大阪府の自治体に多いパターンです。また、古くから栄えていた地方都市にも見られる場合があります。こちらのパターンの場合は、すでに本格的な老朽化対策が必要な時期に突入しているはずです。

　右側の山は、昭和でいえば50年代に集中しているパターンです。大都市近郊のベッドタウンとして人口が増えた自治体に多いパターンで

す。こちらのパターンは、まさに今、老朽化対策に手を打つ必要があります。

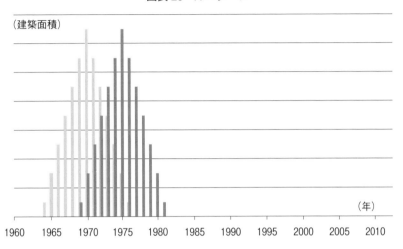

図表25　Aパターン

(建築面積)

1960　1965　1970　1975　1980　1985　1990　1995　2000　2005　2010

(年)

▶▶▶ Bパターン：地方都市型

　次に挙げるのは、Aパターンに加え、もう1つの整備の山があるパターンです。

　図表26に示すとおり、この山は1990年代、平成の時代の初期に当たります。平成の時代の初期に起こった出来事といえば、バブル崩壊です。国は景気対策に力を注ぎ、償還額の一部を国が補てんする、自治体にとって有利な起債を使用した公共事業が全国で行われました。

　その結果、地方債の残高は急激に増え、今日における自治体の借金依存体質を作った原因ともいえます。また、この山は、1つ目の山を建て替えたものではなく、多くの自治体では、新たに別のハコモノを作っていたため、日本のハコモノ面積の急増ももたらしました。

　なお、財政力指数が高かった自治体は、有利な起債が使えなかったため、都市部、特に首都圏の自治体には、この山はほとんど見られません。

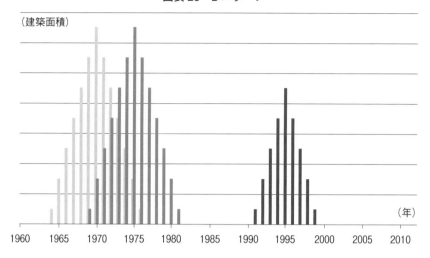

図表 26　B パターン

▶▶▶ C パターン：平成の大合併型

　そして、3つ目のパターンが、**図表27** に示すような2つ目のパターンの整備の山の後に、さらに3つ目の整備の山があるパターンです。

　2000年代後半に現れるこの山を作った原因は、平成の大合併を行った自治体が利用することができた有利な起債、合併特例債です。

　本来、この合併特例債は、庁舎など、複数のハコモノを1つにして建て替える際など、合併して余剰になったハコモノを削減するために使われるはずのものでした。しかし、何にでも利用することができたため、逆に、新たに建設することに使う自治体も多かったようです。中には、合併特例債を利用して、ハコモノを建てることを目当てに、合併に参加したのではないかと疑われるケースも少なくありません。

　そして、合併後もハコモノの統廃合は、思うように進まず、合併自治体における公共施設更新問題に、さらに重荷を課している山となっています。

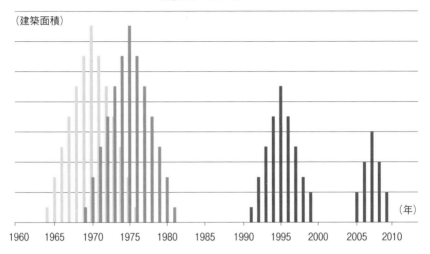

図表27　Ｃパターン

▶▶ パターンによって異なる対策

　なぜ、ハコモノ整備が集中した時期のパターンを知る必要があるのかというと、公共施設更新問題への対策が異なってくるからです。

　Ａパターンの自治体は、間近に迫ってきた山をどうするのかを考えればいいのですが、Ｂパターン、Ｃパターンの自治体は、更新問題が繰り返すことを念頭に置いた対策が必要です。

　たとえば、長寿命化の選択です。Ｂパターンの自治体が、最初の山を長寿命化したとします。すると、建替え時期は、２番目の山に重なります。２番目の山を建て替える時期は、１番目の山を建て替える時期よりも、さらに人口が減っています。すなわち、負担する住民が減っているのに、さらに負担を大きくするということになります。

　２つ目、３つ目の山がある自治体は、安易に長寿命化を選択し、１つ目の山だけ何とかすればいいというものではありません。２つ目、３つ目の山があることを前提にした対策を考える必要があります。

3│4 ◎…平成の大合併が もたらしたもの

▶▶ ハコモノフルセット主義

　自治体は、それぞれの区域の中に、学校、公民館、図書館、市民ホール等のハコモノをひととおり作ってきました。それが住民サービスの向上につながったからです。また、議会や住民の皆さんも、「隣のまちにはあれがある、これもある」と言って、ハコモノを作ることを要望してきました。

　これを、「自治体のハコモノフルセット主義」と呼ぶ有識者もいます。このフルセットが多くの自治体で完成を迎えつつある中で、平成の大合併が進みました。

　その結果、合併した自治体は、フルセットどころか、ダブルセット、トリプルセットのハコモノを抱えることになりました。ファーストフードのセットならば、お得な話ですが、更新問題においては、そうはなりません。中には、前項で述べたとおり、合併特例債を利用して、さらにハコモノを増やしてしまった自治体もあります。

　平成の大合併をした590自治体と、合併をしていない1,151自治体とでは、ハコモノの量はどれだけ違うのかを、3−1で用いた手法と同じ手法により、客観的に比較してみることにします。

　それぞれの自治体の人口と住民一人あたりの面積の関係を**図表28**に表しました。

　一見しただけでは、違いがわかりにくいので、合併自治体と非合併自治体における近似曲線から計算した住民一人あたりのハコモノ面積の標準値について、それぞれの人口区分に応じて**図表29**に示しました。

図表28　住民一人あたりのハコモノ面積に対する平成の大合併の影響

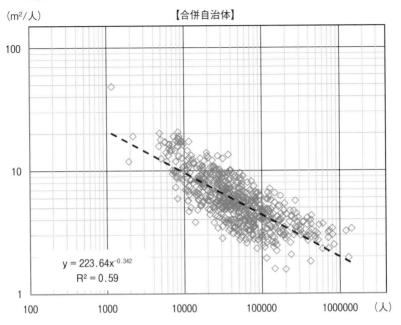

【合併自治体】

(m²/人)

$y = 223.64x^{-0.342}$
$R^2 = 0.59$

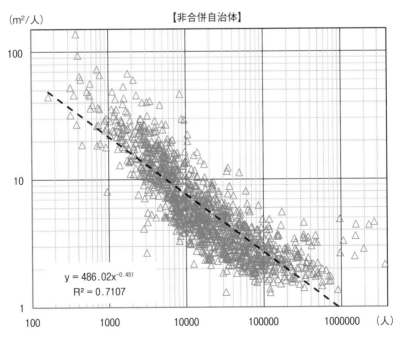

【非合併自治体】

(m²/人)

$y = 486.02x^{-0.451}$
$R^2 = 0.7107$

図表 29　住民一人あたりの面積差

人口	合併（A）	非合併（B）	差（A−B）	倍数（A/B）
5,000 人	12.15 m²/人	10.43 m²/人	1.71 m²/人	1.16
10,000 人	9.58 m²/人	7.63 m²/人	1.95 m²/人	1.26
50,000 人	5.53 m²/人	3.69 m²/人	1.83 m²/人	1.50
100,000 人	4.36 m²/人	2.70 m²/人	1.66 m²/人	1.61
300,000 人	2.99 m²/人	1.65 m²/人	1.35 m²/人	1.82
500,000 人	2.51 m²/人	1.31 m²/人	1.21 m²/人	1.92

　合併自治体の住民一人あたりのハコモノ面積は、人口1万人では非合併自治体の約1.3倍、5万人では約1.5倍、30万人以上になると、2倍近くになります。

　これは、わずか1〜2 m²の差ではありません。人口10万人の自治体の差を金額に換算してみます。更新費用が35万円/m²と仮定すると、次式のとおりとなります。

$$10 万人 \times 1.66 m²/人 \times 35 万円/m² ＝ 581 億円$$

　人口10万人の合併自治体は、同規模の非合併自治体と比較して、581億円もの隠れ負債を抱えているのと同じことになります。このままでは、ハコモノにかかる負担だけで、合併効果は消し飛びます。

　公共施設状況調査の結果から、**図表 30** に合併自治体のハコモノ面積の推移を表しました。すでに大きな差があるにもかかわらず、合併自治体のハコモノは、増え続けてきました。総面積こそ、2016年から減少に転じていますが、住民一人あたりの面積は、人口減少の影響もあって増え続けています。

　昨年、合併特例債の期限が合併後20年までに延長され、あきらめかけていたハコモノ建設に再び目を向け始めた自治体もありますが、今一度立ち止まって、冷静に考えてみる必要があります。

図表 30　合併自治体のハコモノ面積の推移

年度	人口	ハコモノ面積	一人あたり
2013	45,341,622 人	198,154,798 m^2	4.37 m^2/人
2014	45,109,103 人	198,550,270 m^2	4.40 m^2/人
2015	44,859,730 人	198,703,099 m^2	4.43 m^2/人
2016	44,655,892 人	198,506,720 m^2	4.45 m^2/人
2017	44,361,488 人	198,467,433 m^2	4.47 m^2/人

　合併自治体の公共施設更新問題は、非合併自治体の更新問題よりも深刻なものとなります。しかし、ハコモノを統廃合しようとすれば、もともと近くにあった施設が遠くなってしまう住民は、必ずそれに反対することになります。昭和の大合併でできた自治体でさえ、すでに60年以上経過しているというのに、まちのほうばかり便利にしてという声が、特に高齢の住民から出ることがあります。

　合併というのは、こうした住民感情をずっと引きずっていくものです。だからといって、非合併自治体よりも、さらに過剰になっているハコモノをそのままにしておくことはできません。合併の際の新市建設計画には、余剰になるハコモノは減らすと書いてあるはずです。まず、公共施設更新問題が訪れる前に、新市建設計画を着実に進めておく必要があります。

3│5 ◎…私のまちの
　　　　財政事情は？

▶▶ まず知るべきこと

　公共施設更新問題への対応は、各自治体の財政事情によっても異なります。まず、特に重要なのは、借金の状況です。公共施設を更新するためには、地方債の発行を避けて通ることはできません。すでに地方債残高が高い自治体では、さらに更新投資に要する起債を上乗せしていくと、すぐに起債の制限を受けてしまう恐れもあります。

　また、制限を受けないとしても、その起債をきちんと返していくことができるのかも重要です。借金と返済能力という2つの視点から、チェックしておくべき財政事情に関する指標を3つ挙げておきます。

▶▶ 実質公債費比率

　自治体財政の健全性を表す指標の1つに、実質公債費比率があります。簡単に説明すると、その年の自治体が自由に使える一般財源に占める、借金返済額の割合です。次の式で計算しますが、自ら計算しなくても、各自治体が統一の様式で公表している「財政状況資料集」の中に記載されているので確認してください。

$$比率＝\frac{（地方債の元利償還金＋準元利償還金）－（特定財源＋元利償還金・準元利償還金に係る基準財政需要額算入額）}{標準財政規模－（元利償還金・準元利償還金に係る基準財政需要額算入額）}$$

この実質公債費比率の 2017 年度決算における全国平均は、6.4%です。この数字を 1 つの目安として、自分の自治体の借金が多めなのか、少なめなのかを判断してください。また、数値が高いのであれば、それがいつまで続くのかについても確認が必要です。

　この数字が 18％以上になると、起債に制限がかかります。すなわち、今すでに数値が高く、この先も長くその状態が続く自治体は、計画的な公共施設の更新ができなくなる恐れがあるということです。

　したがって、地方債の発行は、避けて通ることはできないにしても、この基準以下にできるように、今から備えていかなければなりません。

　なお、総務省が公表している「市町村別決算状況調」から、2％階級別に市区町村数の分布を**図表 31** に示しました。比率が 2 桁の自治体は、わずか 26％、18％以上は 1％にも満たないので、参考にしてください。

図表 31　階級別市区町村数の分布

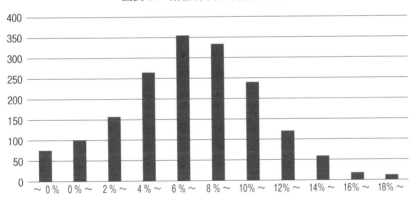

▶▶ 経常収支比率

起債が制限にかからないとしても、それを償還するための財源のことも考える必要があります。現状の財政運営で新たに財源を捻出できるか否かの参考とするため、まず経常収支比率を見てください。

こちらも簡単に説明すると、主には地方税などの毎年必ず入ってくるお金に対する、人件費、扶助費、公債費などの毎年必ず支払わなければならないお金が占める割合です。この数字が高いほど、財政に弾力性がないといわれます。

この値が高い自治体は、今すでに返している借金などで、手元にはお金が残らないのに、公共施設の一斉更新が始まれば、さらに借金が増え、返済の財源に苦労するという状態に陥ります。

現状で新たな起債の償還に充てられる額の目安を知る方法としては、経常収支比率が95％の場合、市税（都市計画税を除く）に地方交付税の額を加えたものの5％と計算してください。

目安となる額＝（市税（都市計画税を除く）＋地方交付税）
×（100％－経常収支比率（％））

この額を現在の償還額に加え、将来の起債償還のピークの額と比較すれば、不足する自治体が大半のはずです。また、不足するどころか、現状では、このお金も別の支出に充てられていますので、歳出構造を大きく変えなければ、圧倒的に不足することがわかるはずです。

この経常収支比率の2017年度決算における全国平均は、92.8％です。経常収支比率が高い自治体は、公共施設の一斉更新が始まる前の備えとして、この比率を引き下げる努力をしておくと、更新問題の症状を和らげることができます。

▶▶ 基金残高

財源として最も確実で有力視できるのは、基金、すなわち貯金です。

ただし、基金といっても、特定の目的にしか使用できないものもありますので、ここでは、財政調整基金や公共施設整備基金のように、公共施設の更新に充てられる基金の残高を確認しておいてください。

8-4で解説するとおり、上下水道事業に適用される公営企業会計は、将来の更新投資である減価償却費を内部に留保させる仕組みがあります。一方、官庁会計にはその仕組みがないので、今から積極的に、公共施設更新問題対策の財源とする内部留保資金として、基金を積み立てていくことが必要です。

なお、財政調整基金は、使い勝手のよい基金なので、いろいろなことに使われてしまう可能性もあります。できれば、公共施設マネジメント基金のように、更新問題対策に充てることを明確にした基金を持つことができれば、よりよいでしょう。

近年、地方交付税が多い自治体などで、基金残高が多いことを総務省が問題視するような動きもありますが、公共施設の老朽化対策に必要というのが、自治体の反論です。将来、確実に国が支援してくれるという保証がない以上、基金は確実に増やしていくべきです。

基金残高は、いくらあればいいという明確な基準はありませんが、市区町村が持つ積立基金の平均残高は、2017年度決算では、住民一人あたり11.5万円となります。自分の自治体と比較してみてください。

3│6 ◎…秦野市と削減目標を比べてみよう

　ここまで読み進めてきた皆さんには、公共施設更新問題に対する危機感が、相当生まれていると思います。その危機感が、現実に見合ったものであるかどうか、確認する方法があります。

　それは、自分の自治体のハコモノの削減目標を知ることです。すでに、「公共施設等総合管理計画」に削減目標を掲げている自治体もありますが、そこに書かれている削減目標が本当の危機感を表したものであるとは限りません。もしかすると、何らかの忖度が働いているかもしれません。

　そこで、秦野市が掲げた削減目標値から、皆さんの自治体の削減目標の目安を試算してみることにします。秦野市は、日本で初めて、ハコモノ削減の数値目標を公表した自治体といわれています。その目標値は、将来増える起債の償還費用にかかる財源不足346億円（市民一人あたり21.4万円/人）について、ハコモノの削減によって、不要となる維持管理運営費用で賄うというシミュレーションの結果を示したものです。

　簡単な計算式ですが、秦野市の削減目標は計算を尽くしており、どこも自治体の仕事の種類は同じで予算の割り振り方も似通っています。ここから得られる値は、総務省が公表しているデータからは読み取れない特別の事情がない限り、当たらずといえども遠からずの数字となります。このことは、削減目標値を掲げている多くの自治体が証明してくれています。

▶▶ 計算式その1

　まず、シンプルに歳入の差とハコモノ面積の差から目安を知ることに

します。2017年度の「公共施設状況調査」と「市町村決算状況調」を
用意してください。そこから計算しておくデータは、次の2つです。実
質の歳入とは、歳入の総額から基金繰入金を除いた額になります。

① 住民一人あたりのハコモノ面積（m²/人）
② 住民一人あたりの実質の歳入（万円/人）

この2つのデータを次の式に当てはめてください。第一の目安を知る
ことができます。1.98 m²/人は、秦野市民一人あたりのハコモノ面積、
30.9万円/人は、秦野市民一人あたりの実質の歳入です。

$$\frac{①}{1.98 \text{ m}^2/\text{人}} \times \frac{30.9 \text{万円}/\text{人}}{②} \times 31.3\% = 削減目標（\%）$$

▶▶ 計算式その2

次に、将来の起債償還のためには、今の地方債や基金の残高にも目を
向けておく必要があります。また、国や都道府県からの支出金は、ハコ
モノの建替えに使えないお金が多く含まれます。たとえば、扶助費に充
てている支出金です。

そこで、これらの影響を加味して計算してみます。新たに出しておく
データは、次の3つです。

③ 住民一人あたりの国県支出金（万円/人）
④ 住民一人あたりの地方債残高（万円/人）
⑤ 住民一人あたりの基金残高（万円/人）

①から⑤のデータを次の式に当てはめてください。第二の目安を知る
ことができます。7.7万円/人は、秦野市民一人あたりの国県支出金、
20.8万円/人は、秦野市民一人あたりの地方債残高、1.8万円/人は、秦
野市民一人あたりの基金残高です。

$$21.4\,万円 \times \dfrac{①}{1.98\mathrm{m}^2/人} \times \dfrac{30.9\,万円/人 - 7.7\,万円/人}{② - ③} = ⑥$$

$$\dfrac{⑥ + ④ - ⑤}{21.4\,万円/人 + 20.8\,万円/人 - 1.8\,万円/人} \times 31.3\% = 削減目標（\%）$$

▶▶ 2つの目安の変化に見る秘密

　第一の目安と第二の目安に大きな差が現れる自治体があります。

　まず、第一の目安よりも第二の目安の値が低くなる場合です。これは、借金が少ない、貯金が多いなどの自治体です。その状態をキープすれば、公共施設更新問題の症状を軽くすることができるということになります。

　逆に、第一の目安よりも第二の目安の値が高くなった場合です。借金が多い、貯金が少ないなどの自治体です。こちらの自治体の中には、驚くような削減目標値が現れる自治体もあります。しかし、それが現実だと思って受け止めてください。鹿児島県霧島市では、第二の目安は、58.9％となります。霧島市の「公共施設等総合管理計画」には、60％のハコモノは維持できないことが明記されています。香川県三豊市では、第一の目安は54.0％となります。三豊市が出した削減目標は、51％です。どちらの自治体も、自らが計算を尽くした結果です。

　この2つの市のように、しっかりと現実を受け止めて、それに立ち向かおうとしている自治体があります。計算結果をもう一度自分の自治体の削減目標と比べ、公共施設マネジメント担当として、自分は何をすればよいのかを考えてみてください。

▶▶ 都道府県別集計

　都道府県下の市区町村を合計した集計結果は、**図表32**に表すとおりです。黒は50％以上の削減、灰色は40％以上50％未満の削減、白は40％未満の削減となります。

　自分の自治体だけではなかったと安心感を持つのではなく、都道府県

下の自治体を挙げて取組みを進めなければならないという危機感を持つために、参考にしてください。

図表32　都道府県別集計結果（上：計算式その１　下：計算式その２）

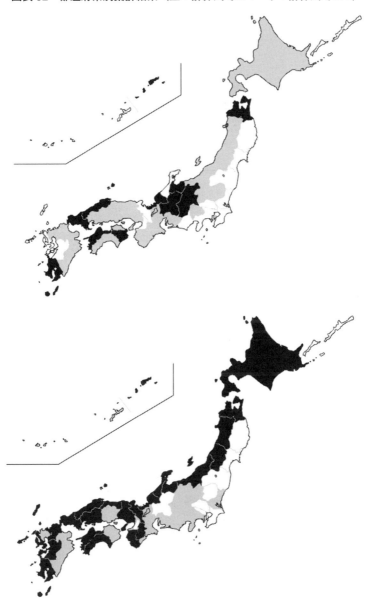

3 | 7 ◎…市区町村削減目標ランキング

▶▶ 理由を探ろう

　前項の計算式を用いた削減目標値をランキングにまとめました（84
〜 87 頁）。なるほどと納得できる自治体名もあれば、「なぜ？」と思う
自治体名もあると思います。好奇心は、分析力を高めますので、大いな
る好奇心を持ってご覧ください。

▶▶ 計算式その 1 によるランキング

　計算式その 1 により計算した削減目標の上位と下位、それぞれ 30 市
区町村を**図表 33・34** にまとめました。

　上位には、北海道と沖縄県の町村が目立ちます。100％以上の自治体は、
この数値が現実を表しているとすれば、学校も役場も残せないことにな
ります。すなわち、自治体の機能を維持できないということになってし
まいますが、24 町村となりました。

　また下位では、震災から復興中の市町村が目立ちます。ふるさと納税
で話題になった大阪府泉佐野市も顔を出しますが、計算式その 2 の結果
は 52.0％になります。まだまだ借金の残高は多いようです。

▶▶ 計算式その 2 によるランキング

　計算式その 2 により計算した削減目標の上位、下位それぞれ 30 市区
町村を**図表 35・36** にまとめました。

　上位には、その 1 と同じく、北海道と沖縄県の町村が目立ちます。ま

た、こちらの計算式の場合では、100%以上となるのは、ランキング外
も含めて、85市町村となります。

　また下位では、震災から復興中の市町村と、原子力発電関連の施設が
立地している町村が目立ちます。削減目標がマイナスとなるのは、ラン
キング外も含めて、96市町村となります。

▶▶ 理由を探る

　削減目標をマイナスにできる理由として、東日本大震災から復興中の
自治体は、多くのハコモノが失われ、一時的に量が減少していること、
復興関連の予算を基金に積み立て繰り越していることなどが挙げられま
す。また、原子力発電関連の施設が存在する自治体には、特別な交付金
があるので、マイナスにできる理由は、明快です。

　それ以外の特色ある自治体として、長野県下條村を紹介します。

　ご存じの方もいると思いますが、この村の前村長は、「公共下水道事
業をやらない」と宣言した方です。公共下水道事業を始めるときの投資
に対しては、国の援助もありますが、自治体も多くの借金を背負います。
「各家庭が合併浄化槽にして、適切に管理すれば、村の健全財政を維持
できる」というのがその理由です。他にも、道路の舗装に、住民が駆り
出されたりもします。その結果、村の借金は少なく、貯金はたくさんあ
ります。そのメリットを活かして、若者定住促進住宅を建て、山間の小
さな村が一時人口を増やすことにも成功しました。

　下條村は、計算式の結果が正しいことを証明してくれたわけですが、
原子力発電も公共下水道事業も国策です。それを受け入れた自治体と拒
んだ自治体が、ともにハコモノを維持できる、増やせるという計算結果
が出ています。

　ランキング外にも、地方の小さな村で、マイナスになる自治体があり
ます。理由は、過疎対策事業債を使って、使えなくてもやらなければい
けない事業だけ行うのだそうです。そして、浮いた一般財源を、将来の
住民のために基金に積み立てているそうです。

図表 33　計算式その 1 による削減目標ランキング（上位 30 市区町村）

No	市区町村名		人口（人）	人口密度 （人/Km²）	一人当たり 面積（m²/人）	削減目標
1	北海道	上砂川町	3,125	78	40.31	193.0%
2	沖縄県	渡名喜村	378	98	137.06	182.9%
3	沖縄県	今帰仁村	9,494	238	29.25	175.2%
4	北海道	利尻町	2,100	27	60.10	173.1%
5	北海道	中頓別町	1,762	4	67.56	166.8%
6	北海道	夕張市	8,362	11	46.40	162.8%
7	北海道	歌志内市	3,408	61	41.11	158.3%
8	沖縄県	伊江村	4,596	202	38.22	139.3%
9	北海道	三笠市	8,784	29	29.77	128.9%
10	長野県	平谷村	433	6	60.60	123.0%
11	北海道	中札内村	3,958	14	28.83	120.9%
12	宮城県	亘理町	33,834	460	11.56	110.4%
13	熊本県	産山村	1,523	25	38.86	110.3%
14	愛知県	豊根村	1,156	7	48.27	110.3%
15	福岡県	糸田町	9,194	1,144	12.75	109.1%
16	北海道	赤平市	10,464	81	22.43	107.7%
17	北海道	幌加内町	1,553	2	53.25	107.7%
18	福岡県	添田町	10,185	77	14.49	106.0%
19	北海道	芦別市	14,014	16	16.34	104.1%
20	北海道	秩父別町	2,436	52	26.12	104.1%
21	福岡県	川崎町	17,152	475	13.13	103.5%
22	島根県	海士町	2,286	68	45.55	103.1%
23	北海道	洞爺湖町	9,038	50	16.71	102.8%
24	北海道	浦河町	12,617	18	15.41	100.2%
25	岐阜県	土岐市	59,026	509	8.09	98.1%
26	北海道	えりも町	4,853	17	18.76	97.8%
27	長野県	売木村	556	13	46.37	96.4%
28	北海道	音威子府村	771	3	65.93	95.4%
29	北海道	岩内村	12,931	183	11.79	94.6%
30	北海道	西興部村	1,117	4	48.73	94.0%

図表34　計算式その1による削減目標ランキング（下位30市区町村）

No.	市区町村名		人口（人）	人口密度 （人/Km^2）	一人当たり 面積（m^2/人）	削減目標
1	岩手県	陸前高田市	19,553	84	7.48	8.2%
2	福島県	浪江町	18,020	81	4.56	8.4%
3	岩手県	大槌町	12,055	60	6.98	9.6%
4	宮城県	女川町	6,637	102	20.42	11.0%
5	佐賀県	上峰町	9,595	750	4.12	12.0%
6	熊本県	西原村	6,755	87	4.96	12.7%
7	東京都	国分寺市	121,673	10,617	1.30	13.7%
8	福島県	飯舘村	5,880	26	10.47	15.0%
9	福島県	双葉町	6,081	118	9.25	15.1%
10	福島県	楢葉町	7,143	69	10.34	15.1%
11	和歌山県	北山村	449	9	18.67	15.4%
12	熊本県	益城町	33,054	503	2.94	15.9%
13	宮崎県	都農町	10,740	105	6.50	16.4%
14	福島県	大熊町	10,533	134	7.21	16.6%
15	長野県	根羽村	952	11	8.07	16.9%
16	宮城県	名取市	78,460	799	3.12	16.9%
17	鹿児島県	三島村	384	12	26.98	17.8%
18	東京都	中野区	328,683	21,083	1.41	18.1%
19	東京都	豊島区	287,111	22,068	1.50	18.3%
20	高知県	奈半利町	3,271	115	13.36	18.8%
21	東京都	葛飾区	460,423	13,231	1.72	18.9%
22	岩手県	釜石市	34,656	79	7.70	19.0%
23	東京都	小金井市	120,268	10,643	1.39	19.4%
24	東京都	調布市	232,473	10,773	1.57	19.5%
25	大阪府	泉佐野市	100,739	1,783	2.95	19.6%
26	東京都	国立市	75,723	9,291	1.60	19.7%
27	東京都	世田谷区	900,107	15,506	1.36	19.8%
28	長野県	南牧村	3,172	108	5.50	19.8%
29	岩手県	山田町	15,984	603	7.55	20.0%
30	京都府	城陽市	77,016	3,418	1.97	20.0%

図表35　計算式その2による削減目標ランキング（上位30市区町村）

No.	市区町村名		人口（人）	人口密度（人/Km²）	一人当たり面積（m²/人）	削減目標
1	北海道	夕張市	8,362	11	46.40	333.6%
2	高知県	大川村	400	4	93.69	330.7%
3	島根県	海士町	2,286	68	45.55	299.1%
4	沖縄県	北大東村	572	44	44.99	281.2%
5	北海道	音威子府村	771	3	65.93	268.3%
6	奈良県	野迫川村	418	3	64.10	260.8%
7	島根県	西ノ島町	2,887	52	21.69	259.9%
8	島根県	知夫村	614	45	38.38	254.6%
9	北海道	利尻町	2,100	27	60.10	235.6%
10	北海道	中川町	1,577	3	43.23	229.9%
11	鹿児島県	十島村	709	7	72.99	224.1%
12	北海道	南富良野町	2,563	4	29.98	194.8%
13	沖縄県	伊平屋村	1,258	58	35.30	178.0%
14	沖縄県	渡名喜村	378	98	137.06	173.1%
15	鹿児島県	三島村	384	12	26.98	160.6%
16	北海道	寿都町	3,048	32	19.95	158.5%
17	北海道	黒松内町	2,904	8	26.34	158.1%
18	北海道	利尻富士町	2,578	24	25.75	157.7%
19	北海道	様似町	4,420	12	20.65	156.5%
20	北海道	下川町	3,339	5	25.09	155.5%
21	北海道	上川町	3,706	4	17.56	154.6%
22	北海道	奥尻町	2,742	19	25.72	153.7%
23	福岡県	大任町	5,242	368	15.01	152.3%
24	北海道	弟子屈町	7,428	10	15.56	149.5%
25	福島県	磐梯町	3,533	59	12.31	149.5%
26	秋田県	東成瀬村	2,603	13	19.57	148.8%
27	北海道	喜茂別町	2,248	12	19.34	139.9%
28	北海道	広尾町	7,030	12	14.26	139.5%
29	北海道	礼文町	2,598	32	29.76	137.4%
30	北海道	三笠市	8,784	29	29.77	136.8%

図表36　計算式その2による削減目標ランキング（下位30市区町村）

No.	市区町村名		人口（人）	人口密度 （人/Km²）	一人当たり 面積（m²/人）	削減目標
1	福島県	双葉町	6,081	118	9.25	−726.1%
2	福島県	大熊町	10,533	134	7.21	−659.9%
3	東京都	青ケ島村	166	28	44.26	−543.8%
4	宮城県	女川町	6,637	102	20.42	−492.4%
5	東京都	御蔵島村	320	16	52.21	−293.7%
6	福島県	檜枝岐村	576	1	56.28	−275.1%
7	北海道	泊村	1,671	20	34.45	−270.5%
8	岩手県	大槌町	12,055	60	6.98	−263.4%
9	岩手県	陸前高田市	19,553	84	7.48	−213.0%
10	長野県	南相木村	1,038	16	28.65	−211.4%
11	新潟県	刈羽村	4,664	178	9.80	−194.9%
12	群馬県	上野村	1,223	7	42.47	−168.7%
13	岩手県	山田町	15,984	61	7.55	−167.8%
14	奈良県	川上村	1,467	5	27.98	−165.4%
15	福島県	葛尾村	1,442	17	20.37	−153.7%
16	福島県	浪江町	18,020	81	4.56	−134.8%
17	東京都	千代田区	61,269	5,255	6.44	−127.2%
18	佐賀県	玄海町	5,731	160	20.76	−124.4%
19	福島県	楢葉町	7,143	69	10.34	−123.6%
20	東京都	檜原村	2,244	21	12.24	−116.0%
21	愛知県	飛島村	4,705	210	14.49	−110.8%
22	宮城県	南三陸町	13,210	81	11.42	−108.7%
23	三重県	川越町	15,028	1,721	3.99	−103.5%
24	東京都	利島村	321	78	31.98	−101.5%
25	福島県	富岡町	13,260	194	8.89	−97.0%
26	長野県	下條村	3,801	100	11.68	−94.0%
27	沖縄県	南大東村	1,276	42	21.58	−93.4%
28	群馬県	神流町	1,921	17	11.90	−90.2%
29	高知県	梼原町	3,613	15	19.92	−81.6%
30	福島県	新地町	8,077	173	7.15	−79.6%

3 | 8 ◎…ハコモノ削減時代が幕を開けた

▶▶ ハコモノの数の変化は？

　公共施設更新問題が起きることが社会問題視されるようになってから、10 年以上が経ちました。2008 年度から 2017 年度までの 10 年間に、公共施設の数量は、どのように変化してきたのかを解説します。

　「地方財政白書」から、代表的なハコモノの数の推移を**図表 37** に表しました。どれも、2008 年度の数を 100 としています。

　図書館、市民ホール、体育館は、順調にといってよいのでしょうか。どれも数が増え続けています。これらのハコモノは、規模が大きく、更新費用も多額になります。また、年間の維持管理運営費も、ハコモノの中では高い部類に入ります。将来の住民の負担が心配になる動きです。

　こうして増え続けるハコモノがある一方で、公営住宅、保育所、老人ホームは、数を減らしています。

　公営住宅は、2014 年度までは数が減り続けてきましたが、東日本大震災に伴う復興住宅の整備により、2015 年度から増加に転じました。復興住宅の建設が一段落すれば、公営住宅は、再び減少すると思われます。

　また、保育所と老人ホームは、減り続けています。ニーズは増えている中で数が減っている理由は、民間に役割を移しているからです。

▶▶ ハコモノの面積の変化は？

　次に面積はどうなっているのかを知るため、「公共施設状況調査」の結果から、ハコモノ面積の推移を**図表 38** に表しました。

近年では、増加傾向はやや鈍りつつあるものの、一貫して増え続けています。また、国民一人あたりの面積も、人口が増えた 2011 年度から 2012 年度にかけては減ったものの、以降、増え続けています。

図表 37　市区町村立のハコモノ数の推移

図表 38　市区町村立ハコモノ面積の推移

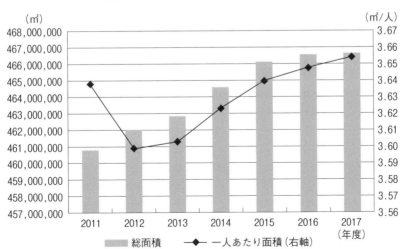

▶▶ 減少をはじめたハコモノ面積

　東日本大震災では、地震や津波で多くのハコモノが失われました。被災地では、まだ復興が続き、失われたハコモノを再建しています。また、復興住宅の建設も進んでいます。これらの影響を知るために、被害の大きい岩手県、宮城県、福島県のデータを除いて**図表39**に表しました。

　2016年度から2年連続でハコモノ面積が減っています。ハコモノは、戦後からの復興や経済成長を経て、一貫して増え続けてきたと思います。東日本大震災からの復興という特殊要因を除くと、それが初めて減った年が2016年度となると思います。この動きが続けば、この年は、公共施設更新問題において、大きな転換点となる年になるかもしれません。

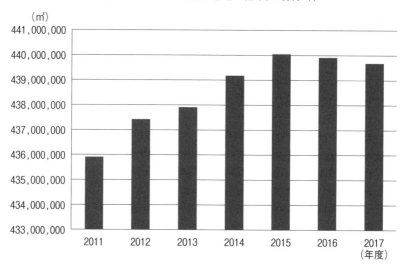

図表39　ハコモノ面積の推移（被災3件除く）

▶▶ 都道府県別の推移

　都道府県別に市区町村のハコモノ面積を合計し、2016年度から2017年度にかけての推移を表したものが**図表40**です。

　黒は、総面積、住民一人あたりの面積がともに増えた都道府県、白は、

ともに減った都道府県です。被災３県を除く前者は、公共施設更新問題への対応について、都道府県をあげて真剣に考えなければいけません。

　また、灰色は、総面積は減らすことができましたが、住民一人あたりの面積は増えてしまった都道府県です。このタイプの中で、最も顕著な動きがあるのは、秋田県です。2011年度から2017年度にかけて、毎年ハコモノの総面積が減っているのは、唯一、秋田県だけです。しかし、県民一人あたりの面積は、毎年増え続けてしまっています。ハコモノが減るペースよりも、人口減少のペースが上回り続けているためです。

　秋田県をはじめとする灰色の都道府県では、住民の皆さんがサービス低下を我慢して、ハコモノを減らす選択を受け入れました。行政も、ハコモノを減らすために大きなエネルギーを使いました。それでも、住民一人あたりの負担は、減るどころか増えてしまっているという残酷な結果が待っていました。

　この先、人口は必ず減っていきます。各自治体は、それを見越して、先手、先手で政策を打たなければ、将来の住民の負担は大変なものになってしまいます。

図表40　都道府県別ハコモノ面積の推移

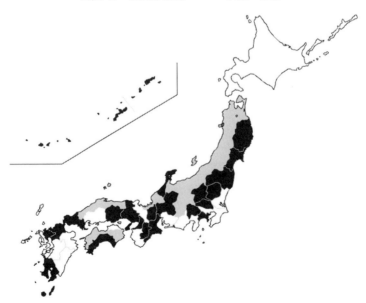

▶▶ インフラ系の施設は？

　インフラ系の公共施設の代表として、道路と下水道の推移を**図表41・42**に表しました。

　ハコモノの面積にはブレーキがかかり始めましたが、道路は、いまだに毎年増え続けています。

　道路や橋の老朽化による事故は、中央自動車道の笹子トンネル天井崩落事故のように、重大な結果を招くことがあります。近年、議会のたびに、道路の管理瑕疵による損害賠償を専決処分したという報告がされている自治体も少なくないと思います。

　道路や橋の老朽化対策に今以上に取り組むためには、予算を増やす必要があります。そのためには、行政サービスの多くを止める歳出構造の転換が必要になりますが、急激に変えれば住民サービスに大きな影響を与え、反発も招きます。できるだけ早く取り組み始める必要があります。

　また、下水道に目を向けると、さすがに終末処理場の数は増えなくなりましたが、排水区域面積は、拡大を続けています。この区域は、下水道を整備していく区域なので、新たに区域となった場所には、今後、順次管路が整備されていきます。つまり、まだまだ公共施設の量が増え続けていくということになります。

　公共下水道には、使用料制度があります。また、公営企業会計に移行し、独立採算を目指す動きも活発になっています。しかし、この先人口は減少し、下水道に流される水も減少していきます。大量に国費を投入して整備してきた処理場等を更新するとき、独立採算で賄おうとすれば、使用料を今の1.5倍、2倍としていかなければならないでしょう。

　日本政策投資銀行が2019年4月に公表したレポートでは、今後も適切に下水道施設の維持・更新を行っていくためには、下水道使用料は、2045年に1.7倍、2065年に2.2倍という試算結果が示されています。現状の国庫補助率が維持される前提でも、これだけの値上げが必要になります。にもかかわらず、最近、更新投資には、国費を投入しないというような国の動きも見え隠れしています。まだまだ先のことと言わずに、今からしっかりと対策を考えていく必要があります。

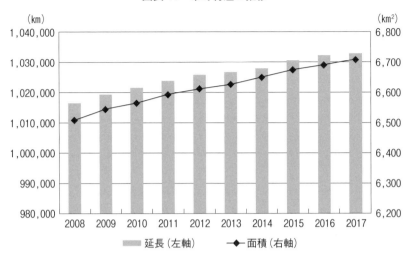

図表 41　市町村道の推移

図表 42　下水道の推移

雪を呼ぶ男たち

2014年2月14日、関東地方は大雪となり、東名高速道路上では、多くの車が立ち往生していましたが、その中の1台に私はいました。

その日は、東京都内で開かれた公共施設マネジメント関係のセミナーに登壇し、その後、CSテレビの番組収録に向かいました。夕方に収録を終えましたが、すでに雪で電車が止まり始めているので、テレビ局がハイヤーを用意してくれました。ところが、それに乗ったのが運のつきでした。東名高速に入るまでは順調でしたが、厚木インターを過ぎたところで立ち往生。そのまま車中で16時間過ごし、翌日の昼前に帰宅しました。今までで、一番時間がかかった出張となりました。

後から聞いた話ですが、同じころ、数百メートル後ろの高速バスには、同じセミナーに参加した2人の鳥取市の職員がいました。

車中で過ごすことを選択した私とは異なり、エネルギー溢れる彼らは、運転手の制止も聞かずバスを降り、20cmの積雪の中、革靴で海老名駅までの3キロを歩き、朝に運転再開した電車で横浜に向かい、ぎゅうぎゅう詰めののぞみで新大阪まで戻ったそうです。

それから3年後の2017年2月、彼らと私は、再び接近することになります。私が鳥取市の職員研修に招かれたのです。そして、嫌な予感は当たりました。研修当日の朝、目が覚めると除雪車が走り回り、飛行機は全便欠航。今度は、私が緊急脱出です。

研修終了後、まだ動いていた特急列車に飛び乗り、その後90cmの積雪と記録的大雪になった鳥取市から、何とか脱出できました。

エネルギー溢れる2人が進めてきた鳥取市の公共施設マネジメントの取組みは、今、目覚しく進んでいます。公共施設マネジメントにおける西日本の雄といってもいいでしょう。楽しみにしていた懇親会が中止だったので、また2人とお会いして、酒を片手に苦労話などに花を咲かせたいのですが、2月だけは避けたほうがよさそうです。

第 4 章

エビデンスに基づき対策を

公共施設マネジメントを進めるために、まず備えるべきものは、エビデンス（証拠）です。施策を立案し、それを説明し、また、成果を検証するためには、どんなエビデンスを集め、どのように分析して活用していけばいいのでしょうか。現実味を感じてもらうため、秦野市の「公共施設白書」など、実際のデータを用いて解説します。

4│1 ◎…エビデンスを
　　　　集めよう

▶▶ エビデンスに基づく政策が始まっている

　「エビデンスに基づく政策立案（EBPM：Evidence-based Policy Making）」という言葉があります。欧米諸国では、一足早く取組みが進められていましたが、日本でも、2017年ごろから国において取組みが始まりました。

　今まで、自治体でよく行われていたのは、「こうなるだろう」とか、「こうなるに違いない」というような経験則に基づく曖昧な根拠で政策を立案し、それを進めれば、目的達成というやり方です。これでは、PDCAサイクルではなく、PDピストンです。

　これに対して、「これからは、しっかりとした数値データ等を根拠にした政策を作り、そしてそれを進め、その成果の検証も客観的なデータ等により行い、改善していきましょう」というのが、エビデンスに基づく政策です。

図表43　エビデンスに基づく政策立案のイメージ

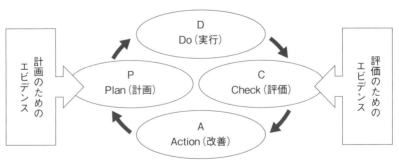

▶▶ 身近で得られるエビデンスこそが大切

　エビデンスのもとになるデータは、身近なところにたくさん存在しています。総務省をはじめとする国のホームページ、都道府県や市区町村の統計書、決算資料、あるいは、ハコモノに関わるシステムのサーバーの中にも存在しています。このように、バラバラに存在しているために気付きにくいものですが、マメに探してみることが大切です。また、収集した目的が違うデータでも、公共施設更新問題対策における大切なエビデンスとなるデータかもしれません。

　そして、私たちが見つけるエビデンスは、専門家が作るような難しいものでなくても大丈夫です。地方自治の現場でこそ得られるローカルなデータであるからこそ、庁内、議会、住民の皆さんが、なるほどと納得するような説得力の高いエビデンスとなるはずです。

▶▶ エビデンスを再確認

　公共施設マネジメントの取組みは、当初は、その後に続く方針や計画のエビデンスが詰まった、「公共施設白書」やカルテを作るところから始めるのが基本的でした。しかし、前述のように「公共施設等総合管理計画」の策定要請が、策定期限付きで行われたころから、白書やカルテが後回しとなり、方針や計画の前に作る自治体は激減しました。

　公共施設マネジメント担当の皆さんは、それぞれの自治体の「公共施設等総合管理計画」や、個別施設計画の中身を再確認してください。そこにしっかりとしたエビデンスがなければ、方針や計画の中身が抽象的で、あいまいなものと受け取られ、この先、議会や住民の理解を得ることが難しくなる場合もあります。エビデンスを見つけて、計画の補完や、見直しを行う必要があります。

4│2 ◎…エビデンスによる 計画立案

▶▶ 正しい計画作りは正しいエビデンスから

　エビデンスの中には、誤った判断を生むものもあります。そのため、エビデンスの選択には注意が必要です。

　それでは、具体例から考えてみましょう。

　次のような意見に対して、皆さんは、どのようなエビデンスを揃えますか。

　意見①
　　ハコモノの面積を減らさなければならないのだから、利用者の少ない公民館は廃止するべきだ。
　意見②
　　このまちには、公民館が少ない。予約抽選には、いつも外れるし、もっと公民館を作ってほしい。

▶▶ 誤った判断を生むエビデンス

　決算議会に提出された、「平成 30 年度主要な施策の成果報告書」に記載されている公民館に関するデータを**図表 44** に示しました。

　意見①に対するエビデンスとして、利用人数というデータがあります。

　渋沢公民館は、利用者が 2 番目に少なく、地区内には、他に西公民館と堀川公民館もあります。したがって、利用人数だけから見れば、渋沢公民館が統廃合の有力候補になります。

次に、意見②に対しては、利用率というデータがあります。どちらも利用率が高く、意見②のような意見が出ることも当然となります。

図表44　秦野市の公民館の利用状況（抜粋）

施設名	利用可能日数（※）	利用日数	利用率	利用件数	利用人数
渋沢公民館	2,082	1,431	68.7%	2,509	33,521
本町公民館	2,429	2,173	89.5%	4,917	76,806

※　開館日数に部屋数を乗じたもの

しかし、**図表44**をもとにした判断は、適切ではありません。その理由は、利用率の計算方法にありますので、**図表45**をご覧ください。

A公民館では、○月○日にa会議室は9時から12時までの3時間、b会議室は18時から21時までの3時間、多目的室は13時から18時までの5時間利用され、調理室の利用はありませんでした。利用可能部屋数は、4部屋×1日で4部屋となりますが、3部屋の利用があったので、利用率は3部屋÷4部屋＝75.0％と計算します。

図表45を見てもわかるとおり、部屋が空いている時間のほうが多いにもかかわらず、利用率というデータは、8割近くは使われたかのように示しています。これでは、利用率というデータがいくら高い数値を示したとしても、実態を表すエビデンスになっているとはいえません。

図表45　○月○日のA公民館の利用状況

時 / 部屋	9	10	11	12	13	14	15	16	17	18	19	20	21
a会議室	■	■	■										
b会議室										■	■	■	
多目的室					■	■	■	■	■				
調理室													

▶▶ 正しい判断を生むエビデンス

そこで、稼働率というデータを使うことにします。

この稼働率は、利用可能時間数に対して、どれだけ利用されたかを示すものです。この公民館の〇月〇日の利用可能時間数は、13時間×4部屋で52時間となります。これに対して、利用された時間数は、合計11時間なので、稼働率は、11時間÷52時間＝21.2％となります。利用率と稼働率、どちらが利用の実態を正しく表しているかは明らかです。

「公共施設白書初版施設別解説編」から、この稼働率のデータを**図表46**に示しました。

渋沢公民館の午前中の稼働率は、利用人数が最も多い本町公民館と比較しても、引けをとらないことがわかります。個々には示しませんでしたが、他の公民館でも午前中の稼働率が高いことは、同様です。

したがって、渋沢公民館を統廃合すれば、午前中の利用者は、他の公民館に移ることもできず、同じ活動を続けることはできなくなったでしょう。利用者数の絶対値だけで判断すれば、猛反発を受けたはずです。

図表46　公民館の時間別稼働率

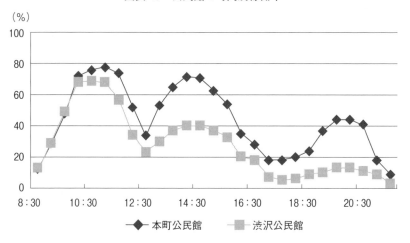

▶▶ データには複数のエビデンスが眠っている

午前中の稼働率の高さとともに、併せて目を引くのは、渋沢公民館の午後と夜間の稼働率が低いことです。統廃合が難しいのであれば、この稼働率の低い時間帯の有効活用は必須です。

たとえば、児童館というハコモノは、学校の放課後になると混み始めます。午後の時間、大人が使わないのであれば、児童館と公民館を別々のハコモノとして維持するのではなく、2つのハコモノを公民館に統合し、公民館が児童館の役割を果たすことが期待できます。

児童館というハコモノを廃止するだけでは、面積を減少させることはできますが、児童館の持つ役割も失われます。しかし、公民館に統合すれば、児童館の役割は、公民館に残すことができます。このデータは、公民館と児童館の統合という施策のエビデンスとなります。

また、夜間の稼働率の低さに対する消極的対策としては、夜間開館をやめる、あるいは、地区内の複数の公民館すべてで行っている夜間開館を、輪番制にして管理にかかるコストを下げるという選択肢があります。

逆に積極的対策としては、通年にわたって学習塾に貸し出すという選択肢もあります。駅前のビルであれば、月謝3万円となる学習塾も、公共施設を時間単位で借りることによって、月謝を下げることが可能です。送迎も、駅ではなく地域の公民館であれば、保護者の手間も少なくなります。

今、家庭の所得の差が、子どもの学力の差を生むといわれている時代です。この塾は、進学塾ではなく、補習塾でもいいと思います。既成概念にとらわれずにハコモノを活用することによって、公共施設更新問題とは、また別の社会の課題への対応も可能となるはずです。

▶▶ 必ず関係法令等の確認を

エビデンスを揃え、既成概念を打破しようとしても、法に触れるような政策を行うことはできません。関係法令の確認も同時に行う必要があることを忘れないでください。公民館の空き時間を使って、学習塾を開

設できるかどうかを確認してみます。

社会教育法第 23 条第 1 項第 1 号では、「もつぱら営利を目的として事業を行い、特定の営利事務に公民館の名称を利用させその他営利事業を援助すること」を禁じています。講師の人件費等も含めた月謝の徴収を行う学習塾は、営利事業ですが、この規定は、営利事業だからといって禁止しているのではありません。この規定は、営利事業を「援助」、すなわち特別扱いをしてはならないと解されています。塾の経営者を公平・公正な方法で選定し、適正な使用の対価を徴収すれば、問題はありません。

また、公民館は、社会教育のためのハコモノです。民間事業者が公民館を使用することについても確認の必要があります。

この件に関しては、文部省生涯学習局長通知（平成 7 年 9 月 22 日付委生第 15 号）により、各都道府県教育委員会教育長あてに、「社会教育法第 2 条の「社会教育」には、民間の事業者が行う組織的な教育活動（学校教育に基づき学校の教育課程として行われる教育活動を除く。）も含まれると解してよい」旨の解釈が示されているので、問題ありません。

▶▶ 複数のデータから成るエビデンス

さらには、本町公民館と渋沢公民館の部屋別の稼働率を**図表 47** に示しました。

どちらの公民館でも、一番利用されるのは大会議室で、一番利用されないのは、調理室であることがわかります。

この 2 つのデータを合わせると、なぜ、意見②のように公民館が足りないという声が出てくるのかがわかります。公民館が足りないと感じる利用者の方たちは、午前中に大会議室を使いたい方たちです。

公民館が足りないという声に対して、ただ、そんなことはありませんという説明だけを繰り返していては、利用者の感情との溝を埋めることができません。しかし、この 2 つのデータを使って説明すれば、予約がとりにくいことについて、利用者にも納得していただけるはずです。

また、こうしたデータを揃えることによって、「午後に活動を移してもらえば、利用しやすくなりますよ」とアドバイスをすることが容易に

なります。あるいは、車で移動できるグループであれば、「こちらの公民館の何曜日であれば、午前でも比較的予約が取りやすいですよ」という情報を提供することもできます。そうすれば、利用者とのコミュニケーションは深まり、行政に対する満足感を高めることにもつながります。

　さらには、混雑緩和のための対策として、午前の料金と、午後や夜間の料金とに差をつけて、空いている時間に誘導するという選択肢も生まれると思います。

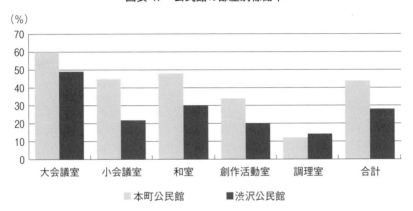

図表47　公民館の部屋別稼働率

■ 本町公民館　　■ 渋沢公民館

▶▶▶ もんだ族

　「〜とはこういうもんだ」という発想から抜け出せない人のことを、「もんだ族」と呼ぶそうです。特に公務員には多いといわれています。「図書館とはこういうもんだ」「公民館とはこういうもんだ」「学校とはこういうもんだ」という発想は、ときに非効率で、非合理的なハコモノ運営をもたらします。

　「もんだ族」の発想のままでは、限られた財源で、出来るだけ多くのハコモノの役割を将来に引き継いでいくことはできません。「もんだ族」の発想を改めるためにも、エビデンスが大切です。

4│3 ◎…エビデンスによる 検証・予測

▶▶ 新たに生まれたエビデンス

　続いては、施策を実施後、それを検証するためのエビデンスについて触れます。また、この検証に使用したエビデンスは、他の施策や他の自治体でも予測に使うことができますので、2つの視点から説明します。

　秦野市は、2017年10月に33のハコモノをはじめとする市民利用施設の使用料を一括して見直しました。344の料金区分を見直しの対象とし、うち224区分を引き上げ（最大4倍）または有料化、101区分を据え置き、13区分を引き下げ（半額）、6区分を廃止し、平均改定率は55%の引き上げとなっています。

　こうした多くの施設にわたる一括した改定を行う自治体は、平成の大合併を行った自治体が行う例が多いと思います。バラバラだった合併前の各自治体の料金水準を統一することを目的に行われるためですが、平成の大合併を行っていない自治体で、こうした改定が行われるのは、珍しいことです。

　秦野市は、この使用料の改定によって現れた影響を検証し、新たなエビデンスを作りました。その結果を「一からわかる再配置 Vol.61」で公表していますので、ご紹介します。

　この検証は、2018年1月から3月までの公民館11館の利用に関するデータ9,000件を、改定前年となる同期間のデータと比較して行っています。結果は、**図表48・49**に示すとおりです。

　秦野市では、この改定で1時間単位から30分単位で使用料を徴収する制度に改めました。また、1時間あたり200円、400円、600円の3種類であった料金区分について、同じ用途の部屋でも部屋の大きさに応

じて料金を決めたことから、区分が7種類に増えています。また、減価償却費を、利用者が負担するコストに含めて料金算定を行っていることから、同じ大きさでも古い施設では安くなり、新しい施設では高くなっています。

図表48　料金区分別の利用状況の変化

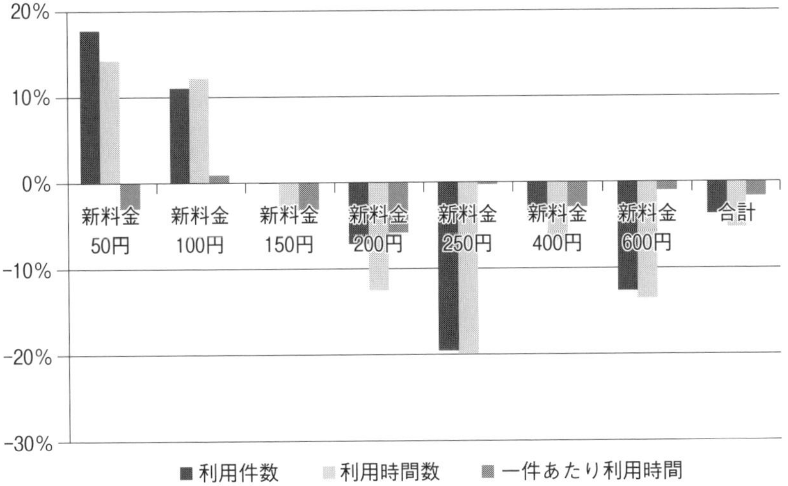

（凡例）■ 利用件数　　利用時間数　■ 一件あたり利用時間

図表49　見直し率別の利用状況の変化

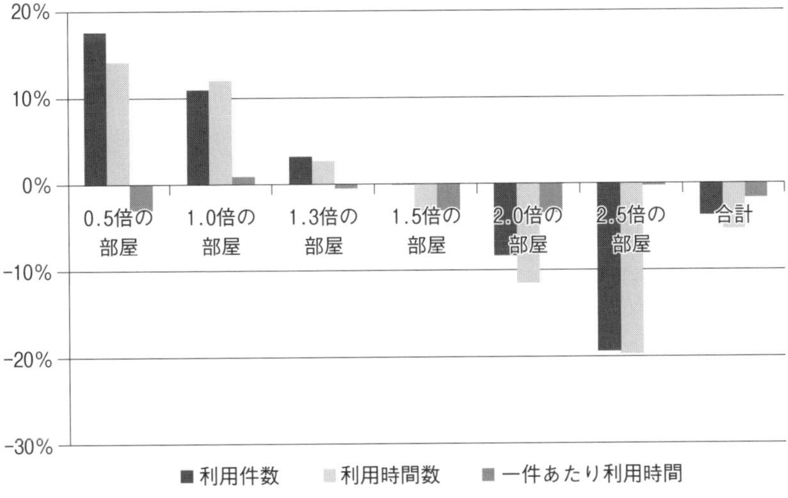

（凡例）■ 利用件数　　利用時間数　■ 一件あたり利用時間

図表48を見ると、30分あたりの使用料が100円から50円になった部屋と、100円のまま据え置きになった部屋の利用が増え、値上げとなった部屋はすべて、利用を減らしていることがわかります。

　値上げとなった部屋は、広めの部屋、新しめの施設にある部屋です。それらの利用者が、改定後は、小さい部屋、古い施設に移っていることがわかります。

　また、**図表49**を見ると、値上げになった部屋でも、1.3倍までは利用が増え、それ以上では、利用者が減っていることがわかります。

　こうしたエビデンスを作成したことによって、期待どおりの増収効果が得られなかった理由を説明できることができ、また、次回の改定の際には、参考にすることもできます。施策は、「実施したら目的達成」ではなく、その効果は必ず検証していくことを身に付けてください。

▶▶ 存在しなかったエビデンス

　税収が伸びない中で、ハコモノの有料化、使用料の見直しに取り組む自治体は多いと思います。また、それと同じくらい、二の足を踏む自治体も多いでしょう。

　有料化や見直しという受益と負担の適正化は、公共施設更新問題においても、有効な対策の1つとなります。また、それ以前に、税の使い方を大きく変えざるを得ない状況では、住民によって利用頻度の差が大きいハコモノの使用料を適正化することは、税負担の公平性を保つことにもなります。

　使用料の見直しを行った経験のある自治体には、必ず、「使用料を値上げすれば、利用時間や回数が減り、市民活動が低下する」という利用者からの声が届いたはずです。これに対して、明確な答えを返せた自治体はないのではないかと思います。秦野市も同様でしたが、「どれくらい減るか」のデータが存在していないのです。

　なぜなら、自治体としても頻繁に経験する仕事ではありませんし、そもそもハコモノは、民間施設とは異なり、赤字経営を前提としているものがほとんどです。見直したからといっても、その赤字が縮小されるだ

けなので、民間施設のように利用者に与える影響を正確に捉えるような検証を行いません。

しかし、小幅な値上げだったり、利用者の少ない施設だったりすると、値上げ分が利用者の減少により相殺され、改定の効果が現れない施設も出てしまうかもしれません。やはり、事前にしっかりと予測しておくことは必要です。

▶▶ 前例をエビデンスにして予測する

今後、使用料の改定を考えている自治体では、こうしたデータを参考に、改定の影響を試算し、説明に用いることができます。公共施設の更新問題は、どの自治体にも共通する課題です。各自治体では、自らが見つけ出したエビデンスの中で、他の自治体でも有効に使えそうなものは、積極的にホームページで公開することが必要です。

さらには、ここで挙げたエビデンスでは、小さな部屋でも十分に活動が行える利用者が多いことがわかります。公民館やその中の部屋の大きさに、明確な基準はありません。今後、小さめの部屋を多くする、大きめの部屋は、分割して使えるようにするなど、公民館を建て替える場合の参考にすることもできます。

また、エビデンスの話から少し離れますが、秦野市では、今までハコモノを建て替えるとき、利用者や地域の皆さんからは、「なるべく大きく、なるべく豪華に」という要望が届きました。しかし、市の新料金制度では、部屋の大きさや減価償却費から料金を決めたため、要望どおりに大きく豪華なハコモノにすれば、それだけ使用料が高く設定されることになります。

この仕組みを導入したことで、利用者や住民の皆さんにも、ハコモノに対するコスト意識を持っていただくきっかけにもなったと思います。

4｜4 ◎…エビデンスによる反証

▶▶ それ、本当?

　公共施設マネジメントの取組みを進めていくと、内容を肯定する意見ばかり出るわけではありません。当然のことながら、反対する意見も出てきます。また、公共施設マネジメント担当以外の部署からは、ハコモノ削減に逆行する施策の提案が出ることもあります。

　どちらの場合も、それなりの理由があるわけですが、その理由の真偽は、必ず確かめておく必要があります。そして、反対する理由に、あるいは、ハコモノを作らなければならないとする理由に疑義が生まれた場合は、それを放置しておくことはできません。

　なぜなら、放置しておけば、住民の中に風評が立ち、今後の取組みに支障を与えることもあるからです。また、ハコモノを減らさなければならないにもかかわらず、逆に増やすことを簡単に認めてしまっては、公共施設マネジメントの取組みは、なし崩し的に消えていく恐れもあります。しっかりとしたエビデンスに基づいて、反証しなければなりません。

▶▶ 大勢の声の真偽を確かめる

　たとえば、公共施設の使用料を見直そうとすれば、必ずと言っていいほど「公共施設は大勢の市民が利用しています」「使用料の見直しには、大勢の市民が反対しています」という意見が出ます。

　こうした意見に対する反証のエビデンスとして、アンケート調査が有効です。「秦野市公共施設白書〈平成28年度改訂版〉」から秦野市が実施したアンケートの設問と回答の結果を**図表50・51**に示しました。

まず、**図表50**からは、週1回または月1回以上利用する人は、高い頻度でハコモノを定期的に利用している人といえますが、その比率は、回答した住民のうち、3分の1程度に留まっていることがわかります。

図表50　公共施設の利用頻度に関するアンケート結果①

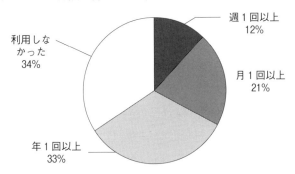

　あなたは、過去1年間に総合体育館、文化会館、図書館、公民館、児童館のように不特定の市民が利用することができる秦野市立の公共施設を利用しましたか。（公園のように職員が常駐していない施設は除きます。）

利用しな
かった
34%

週1回以上
12%

月1回以上
21%

年1回以上
33%

　次に、**図表51**からは、公共施設にかかるコストについては、「利用者が応分の負担をすべき」と考える人が8割近くにのぼり、実は「できるだけ税で賄ってほしい」と考える人のほうが少数派であることがわかります。

　意見を出している人たちにも、そうでない人たちにも事実をしっかりと伝えることが大切です。「違うものは違います」と、毅然とした対応をしておかなければ、その声はいつまでも残り、住民の中に漠然とした行政に対する不信感が広まってしまう恐れがあるからです。

　目の前で声を上げている人たちの声が、大勢の住民の声を代弁しているとは限りません。大勢の住民の声がどこにあるのかを確かめるためには、無作為抽出のアンケート調査が大いに活用できます。

図表 51　公共施設のコスト負担に関するアンケート結果

　秦野市の公共施設では、有料の施設であっても、全体の管理運営費（コスト）に対する利用者の負担割合は15％程度であり、残りの85％は税金でまかなわれています。公共施設の利用者負担については、さまざまな考え方があります。次の2つの考えのうち、あなたの考えに近いものを1つ選んでください。
Ａ：公共施設は使う人と使わない人が居るのだから、税金だけで維持するのではなく、使う人が施設のコストに見合った負担をすべきである。
Ｂ：公共施設に係るコストは、すべて税金で維持すべきである。

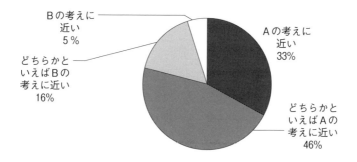

▶▶ アンケート調査の注意点

　郵送でのアンケート調査は、高齢者の回収率が他の世代に比べて高くなります。その結果を参考にして方向性を決めてしまうと、高齢者以外の意見があまり反映されなくなってしまいます。選挙にも似たような構図があり、これは、「シルバー民主主義」といわれています。

　できるだけ正確なエビデンスとするためには、実際の人口構成に近いサンプルの回収を得るべきです。そのためには、高齢者の回収率が高く、若い世代の回収率が低いことを前提にして、世代によって抽出するサンプル数を加減するなどの工夫も必要です。

　なお、民間会社によるインターネットを使ったアンケート調査であれば、最初から回収するサンプル数を年代別に決めておくことができます。ただし、こちらは高齢者、特に70代以上が集まりにくいとともに、人口規模の小さい自治体は、十分なサンプルが集まらないというデメリットがある点を考慮してください。

無作為抽出のアンケート調査のように、全体（母集団）から一部のサンプル（標本）取り出して調査を行い、その結果から母集団における結果を推定する調査方法を「標本調査」と言います。母集団の全員に調査を行わない限り、調査結果には必ず誤差が生まれますが、この誤差の程度を知る指標として「標本誤差」と「信頼水準」の2つがあります。

　標本誤差とは、母集団全てに調査した場合の結果（実態）とのズレ（誤差）です。図表51の例でいえば、「どちらかといえばAの考えに近い住民は46％」という場合、標本誤差最大5％であれば、母集団の実態として「どちらかといえばAの考えに近い住民は41％～51％」となります。

　また、「信頼水準」は、標本調査の結果が、どの程度の確率で、標本誤差の範囲内となるかを表します。たとえば、信頼水準95％であれば、100回同じ調査を行った場合、95回は標本誤差内の結果に収まることを意味します。標本調査では、一般的に、「信頼水準95％、標本誤差最大5％」程度であれば、十分な精度とされていますが、これを満たすには400のサンプルで足ります。効率的な方法でエビデンスを集めましょう。

▶▶▶ 反証だけではなく一歩踏み込み建設的な対案を

　秦野市が公共施設マネジメントに取り組み始めた2008年当時、図書館では、蔵書庫が一杯となっていたことから、「蔵書庫を増築したい」という希望がありました。

　当時、その必要性を検証するため、次のような分析を行っていますので、「公共施設白書初版施設別解説編」からご紹介します。

　まず、神奈川県下の自治体の人口と蔵書数の関係について、「県勢要覧」を用いて調べています。

　結果は、図表52に示すとおりですが、秦野市の図書館の蔵書は、神奈川県下での比較では、人口規模に見合った数を備えています。他市と比べて、見劣りするような図書館ではないということがわかります。

　さらには、図表53から、蔵書数に見合った数の貸出が行われていないことがわかります。そして、図表54から、その理由は、人口規模に

見合った貸出利用登録者がいないことにあることがわかります。

　その原因は、秦野市の図書館は、最寄りの駅から2km離れていることに加え、県下の18市町村の図書館と住民が相互利用できる協定を結んでいることがあります。こうした理由から、駅から遠い図書館よりも、通勤先・通学先に近い、あるいは駅に近い、他の市町村の図書館を使う市民が多いと考えられています。

　施策の優先順位は、蔵書庫の建設ではなく、より住民が利用しやすくすることの方が高くなります。たとえば、民間の空きスペースを借り上げて、駅に近い場所に分館の機能を充実させる、あるいは、住民の高齢化が進む中で、来館することが難しい方に向けた配本サービスを開始するなどが考えられます。

　図表52のエビデンスで反証するだけでは、建設的ではありません。一歩踏み込むことによって、建設的な対案も示すことができます。

　ただ反対するのではなく、エビデンスに基づく建設的な対案を示すことも、公共施設マネジメントの取組みに対する庁内の理解を得るためには、大切なことになります。

図表52　神奈川県下の自治体の人口と蔵書の関係

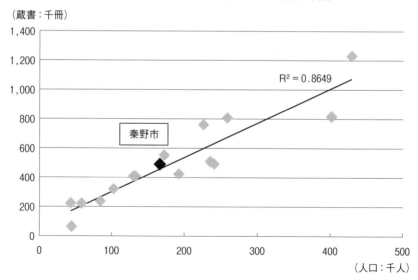

（蔵書：千冊）

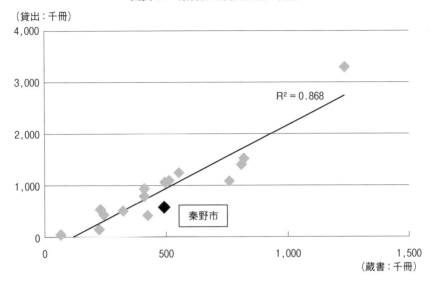

図表 53　蔵書数と貸出冊数の関係

（貸出：千冊）

R² = 0.868

秦野市

（蔵書：千冊）

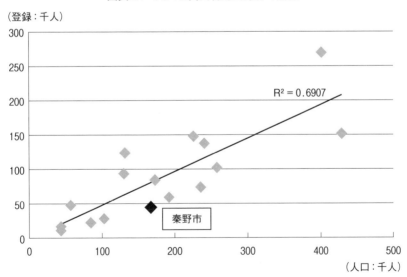

図表 54　人口と貸出利用登録者の関係

（登録：千人）

R² = 0.6907

秦野市

（人口：千人）

COLUMN · 4

線路は続くよ

　私のことを知る人には、信じてもらえないかもしれませんが、私は、基本的には出不精です。休みの日に市外に出ることは、めったにありません。また、子どものころは、乗り物に弱く、すぐに気分が悪くなりました。

　そんな私が、公共施設マネジメントを担当していた11年間、たくさんの自治体研修やセミナーのお手伝いに行きました。総移動距離は、20万kmにのぼります。しかし、私は、飛行機があまり好きではありません。本州全域はもちろん、九州は大分、福岡、四国は徳島、愛媛であれば、移動手段は、できるだけ鉄道を選びました。そんな生活を続けた結果、私は、完全に乗り鉄と化してしまいました。しかも、旅費は、主催者が負担してくれるので、タダ乗り鉄です。

　そんなタダ乗り鉄の自分が、公共施設マネジメントの仕事をしている間、達成しておきたかった目標の1つに、日本の新幹線を始点から終点まで全部乗るというのがありました。

　2018年11月、目標達成のために残るのは、鹿児島中央駅－久留米駅間だけとなっていた私に、絶好のチャンスが訪れます。鹿児島市の職員研修に呼ばれたのです。私は、迷うことなく、帰路は、鹿児島中央駅から小田原まで新幹線を乗り継いで帰ることを選択しました。そして、乗車距離1,380km、7時間の時を費やし、見事に目標は達成されたのです。

　こうして多くの新幹線に乗り、多くの駅を利用して不思議に思ったことがあります。なぜ、1、2時間に1本しか停まらないのに、自治体は、大きな借金を背負って豪華な駅舎を作り、そこにはハコモノも併設し、広々とした駅前広場を作るのだろうかと。そして、閑散とした無機質な風景が駅前には広がり、税収も伸びないというのがお約束です。

　新幹線開通に期待した過剰投資で、財政が破たんしかけた自治体も見てきました。北陸新幹線や長崎新幹線など、これからも新幹線が延びていきます。新幹線が通る、高速道路が通る、だから地元は潤うというのは昭和の時代の夢のお話。今は平成も過ぎて、令和の時代です。

第 **5** 章

更新問題に
立ち向かうために

個別具体の取組みを進めるにあ
たり、皆さんの自治体が策定
した「公共施設等総合管理計画」な
どの方針や個別施設計画などの内容
が、信頼度が高く、理解を得られや
すいものになっているか再確認しま
しょう。総括的なチェックポイント
をまとめていますので、計画などを
策定したり、見直したりする場合の
参考にしてください。

5 | 1 ◎…具体的な中長期の 方針を立てる

▶▶ 方針の中に定めること

　この節では、公共施設更新問題対策の根幹となる方針の内容について、解説していきます。

　なお、「公共施設等総合管理計画」は、「計画」という名前ではありますが、内容は、個別具体的なものではないため、本書では、方針として取り扱います。混同しないように注意してください。また、策定済みの自治体がほとんどなので、内容の再確認、改訂に当たっての参考としてください。

　まず、方針の中には、何を定めるのかについて解説します。

　もっともポピュラーで、多くの自治体で採用しているのが「公共施設等総合管理計画の策定にあたっての指針」（平成26年4月22日　平成30年2月27日改訂　総務省）に掲げられた記載項目です。

　もちろん、それぞれの自治体の思いがこもった独自のものでもかまいませんし、逆に、そうすべきだと思います。ただし、指針に掲げられた項目と同趣旨の内容が記載されていない場合、国からの補助金や、有利な起債の対象とならなくなる場合もありますので、注意が必要です。

　以下に、指針に掲載されている「記載すべき事項」の項目だけを抜粋しました。各項目の詳細については、指針を参照してください。

■「公共施設等総合管理計画の策定にあたっての指針」（平成26年4月22日　平成30年2月27日改訂）抜粋

一　公共施設等の現況及び将来の見通し
　（1）　老朽化の状況や利用状況をはじめとした公共施設等の状況

（2）　総人口や年代別人口についての今後の見通し

（3）　公共施設等の維持管理・更新等に係る中長期的な経費の見込みや
これらの経費に充当可能な地方債・基金等の財源の見込み等

二　公共施設等の総合的かつ計画的な管理に関する基本的な方針

（1）　計画期間

（2）　全庁的な取組体制の構築及び情報管理・共有方策

（3）　現状や課題に関する基本認識

（4）　公共施設等の管理に関する基本的な考え方

① 点検・診断等の実施方針

② 維持管理・更新等の実施方針

③ 安全確保の実施方針

④ 耐震化の実施方針

⑤ 長寿命化の実施方針

⑥ ユニバーサルデザイン化の推進方針

⑦ 統合や廃止の推進方針

⑧ 総合的かつ計画的な管理を実現するための体制の構築方針

（5）　PDCAサイクルの推進方針

三　施設類型ごとの管理に関する基本的な方針

▶▶ 財源としての起債に注意

　以降は、指針に掲げる項目の中で、注意すべき点に触れていきます。

　まず、「一　公共施設等の現況及び将来の見通し」のうち、「（3）　公共施設等の維持管理・更新等に係る中長期的な経費の見込みやこれらの経費に充当可能な地方債・基金等の財源の見込み等」についてです。

　事業費の見込みや、その財源について把握することは大切です。しかし、起債は、頼りになる財源として見込む一方で、残高による制限にかからないか、あるいは、その償還が可能なのかのチェックも必要です。こうした試算も、しっかりとしておきましょう。

　なお、この項目にある経費の見込みについては、指針の改訂により、「30年程度以上の期間に関し、普通会計と公営事業会計、建築物とインフラ施設を区分し、維持管理・修繕、改修及び更新等の経費区分ごとに示す

ことが望ましい」との文言が加えられましたので、各自治体の総合管理
計画や方針の改訂にあたっては、注意してください。

▶▶ 計画期間はどれくらい？

次に、「二　公共施設等の総合的かつ計画的な管理に関する基本的な
方針」のうち、「(1)　計画期間」です。

今の公共施設の姿は、長い時間をかけて作られてきたものであり、そ
の更新にも長い時間がかかります。したがって、公共施設更新問題への
対策は、短期に終わるわけではありません。当然、その対策の根幹とな
る方針は、中長期に及ぶものにしなければなりません。

この指針では、計画の期間は、少なくとも 10 年以上と記載されてい
ますが、何年間とするかについては、明確な基準は示されていません。
それぞれの自治体の実情に応じて定める必要があります。

期間の目安となるものとしては、まず、自治体運営の基本的指針とな
る総合計画の基本構想や、関連計画である都市マスタープラン、立地適
正化計画などの関連計画の期間があります。これらと合わせることに
よって、行政運営の整合性を保つことができます。

また、事業費や更新に充てる起債償還のピーク時までを期間とする方
法もあります。ピークを無事にクリアすることを目標とすれば、「公共
施設等総合管理計画」や自治体が定めている方針の信頼度が高まります。

▶▶ 先のことはわからない？

「そんなに先のことはわからないのだから、方針の対象期間は、あま
り長くするべきではない」という意見を聞くこともあります。しかし、「そ
んなに先のことまで考えておかなくても、きっと何とかなる」と進めて
きた行政運営の結果が、公共施設更新問題です。30 年、40 年先のことま
で見据えた取組みを進めていかなければ、同じことを繰り返すだけです。

なお、方針の内容は、適宜見直すべきことは当然です。公共施設更新
問題に対する方針や計画の体系の一例を**図表 55** に示しました。方針は、

基本計画又は実行計画の策定の機会を捉えて5年、または10年くらいの単位で、新たな人口推計や財政推計に基づいて見直しましょう。

図表55　方針・計画の体系図

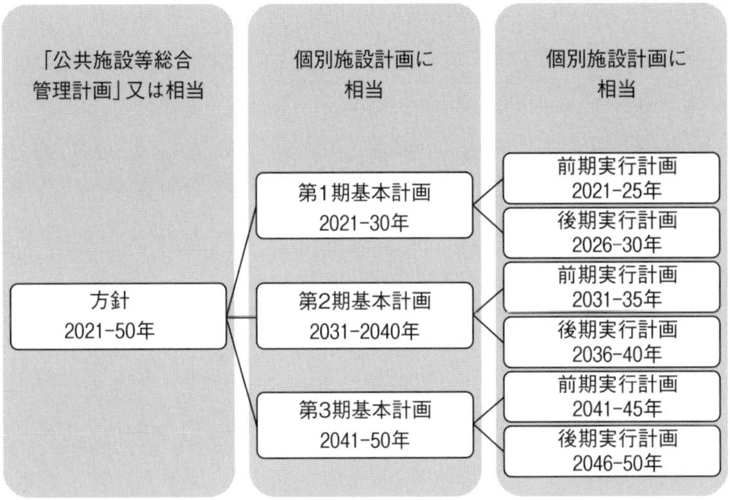

「公共施設等総合管理計画」又は相当	個別施設計画に相当	個別施設計画に相当
方針 2021-50年	第1期基本計画 2021-30年	前期実行計画 2021-25年 後期実行計画 2026-30年
	第2期基本計画 2031-2040年	前期実行計画 2031-35年 後期実行計画 2036-40年
	第3期基本計画 2041-50年	前期実行計画 2041-45年 後期実行計画 2046-50年

▶▶ 計画は具体的に明確に示す

　方針を定めるにあたって、全般的に注意する事項にも触れておきます。

　方針や計画は、庁内におけるマニュアルであるとともに、住民や議会に対する説明用の資料でもあります。説明を受ける側から見れば、理解しやすいのは、文章よりも表、表よりもグラフです。各自治体の「公共施設等総合管理計画」をみると、文章ばかりが、ずらずらと並んでいるものがあります。また、その文章の内容も、抽象的で曖昧な表現が目立ちます。

　総合管理計画や方針の内容は、その自治体のやる気を如実に示すものとなります。住民や議会の皆さんと危機感を共有するためのツールにするため、できるだけ具体的に、はっきりとわかりやすく、やらなければならないことを理路整然とまとめることが重要です。

▶▶ 更新費用からの目標では不十分

　ほとんどの自治体で財源不足に陥り、すべてのハコモノを更新することはできないことがわかった状況の中、方針において最重要項目となるのは、削減目標値です。そして、この目標値は、「できるだけ」というような抽象的なものではなく、計算されたものにしなければなりません。

　この計算の仕方を言葉で表せば、「更新費用の見込みに対して、これぐらいの財源が不足します。だから、これだけのハコモノ面積を削減します」となりますが、問題は、何を更新費用として捉えるかです。

　「公共施設等総合管理計画」の策定要請が出た際、同時に総務省からは、インフラ系の公共施設も含めて、簡易に更新費用の推計を行うことのできる「更新費用試算ソフト」も公表されました。多くの自治体では、将来の更新費用の推計をこのソフトを用いて行い、**図表56**に示すとおり、その費用に対して、直近5年程度のハコモノ更新費用の平均額を比較しています。

　このことは、インフラ系の公共施設まで含めて、圧倒的な財源不足が起きるということを明確にするのが第一の目的です。しかし、自治体によっては、平均投資額と更新費用の差を埋めるという計算で目標値が計算されている場合もあります。たとえば、**図表56**の場合では、20年間における更新費用は110億円となるので、年平均は5.5億円です。これに対して、現在の投資額は、4億円なので、73%しか賄えません。したがって、公共施設の削減目標は、27%とするわけですが、これでは不十分であると考えています。

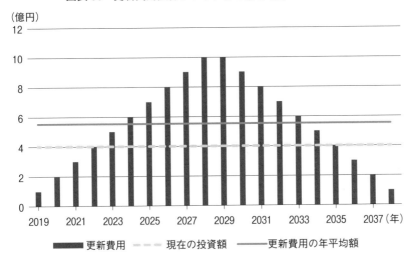

図表56　更新費用試算ソフトによる計算結果のイメージ

（億円）

凡例：　更新費用　----- 現在の投資額　—— 更新費用の年平均額

▶▶ 実際の支払いは後から

　その理由は、このソフトで計算される更新費用は、事業費であるからです。事業費の財源は、一般的には、国と都道府県からの補助金、起債、一般財源で構成されます。補助金を多く見込み、起債に頼れば、見かけ上の事業費と現在の投資額の差を縮小することが可能になります。すなわち、削減目標値を下げることができてしまいます。また、正直に計算したとしても、更新時の財源である起債の償還に対して、自治体にとって有利な起債以外は、国や都道府県からの補助はありません。自治体が、一般財源で支払わなければならない「起債の償還」に着目したチェックも行っておく必要があります。

　起債の償還に着目した削減目標値の設定方法について、秦野市のデータを用いた実例を解説します。なお、ハコモノを小中学校と小中学校以外に分けているのは、財源の構成が異なるためです。

　秦野市が所有するハコモノについて、耐用年数どおりに建て替えた場合、**図表57**に示すとおり、2021年から2060年までの40年間に約831億円の事業費が必要となります。年平均額は、約20.8億円となりますが、直近5年間での平均投資額は、約5億円と4分の1程度しかありません。

秦野市がハコモノを4分の1にしなければならないかといえば、そうではありません。また、4分の1にすれば、小中学校が足りなくなってしまい、自治体としての機能も維持できなくなります。

図表57　事業費の推移

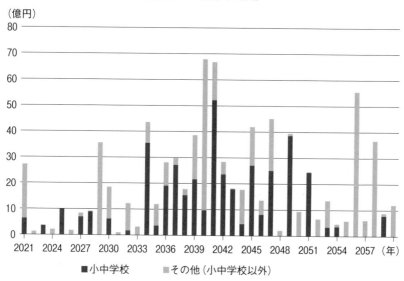

事業費に占める起債の償還額等を表すのが**図表58**です。事業費の財源は、小学校、中学校、幼稚園、認定こども園は、国庫負担30%、一般財源負担14%、起債56%とし、利率0.5%で元金3年据置き後25年均等償還としました。また、それ以外のハコモノは、一般財源負担20%、起債80%とし、利率0.5%で元金3年据置き後20年均等償還としました。

なお、新規支払額には、起債の償還額に加え、事業の実施年度における一般財源の支出を加えているとともに、現在残っているハコモノに関する起債の償還額も合わせて示しています。

2021年から2060年までの間に起債の償還等に必要となる金額は、約537億円となりますが、この償還ができるのか否かといえば、否になります。現在、ハコモノに関する起債の償還は、5億円弱です。これに対して、人口減少と高齢化が進み、財政も厳しさを増していく中で、ピーク時には30億円近くとなる起債を償還することは、不可能です。

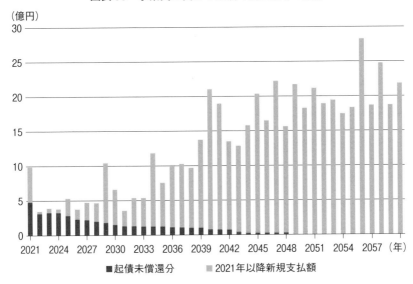

図表58　事業費に占める起債の償還額等の推移

（億円）

2021　2024　2027　2030　2033　2036　2039　2042　2045　2048　2051　2054　2057　（年）

■起債未償還分　■2021年以降新規支払額

▶▶ 現実的な仮想財源を設定

　次に、いくらまでなら償還できるのかを試算しますが、そのためには、仮想の財源を設定することから始めます。

　まず、仮想の財源として見込めるのは、現在のハコモノに関する起債の償還額です。現状で問題なく償還できているのですから、これを今後も維持できると仮定します。ただし、人口減少と高齢化の影響を加味する必要があります。主な納税者となる生産年齢人口の推計に合わせて、逓減させていきます。

　そして、次に見込むことができるのは、公共施設マネジメントによる効果額です。公共施設マネジメントを行う第一の目的は、公共施設を持続可能なものにすることです。その取組みで得られた効果は、公共施設の維持に充てられるべきです。

　さらには、他にも確実に見込める財源があれば、財政課と協議をして見込んでください。たとえば、下水道事業のための繰出金です。処理区域の整備が完了に近づいているのであれば、繰出金は減るはずです。こうした財源も探してみてください。

秦野市は、現在のハコモノに関する償還額を逓減させた額に、2011年から公共施設マネジメントの取組みを進めていることから、その効果額である0.9億円/年を加えることができます。しかし、**図表 59** に示すとおり、現状では大幅な不足が見込まれ、2021 年から 2060 年までの間に起債の償還等に必要となる約 537 億円のうち、約 190 億円しか償還できず、約 347 億円が不足することになります。

図表 59　現状での償還シュミレーション

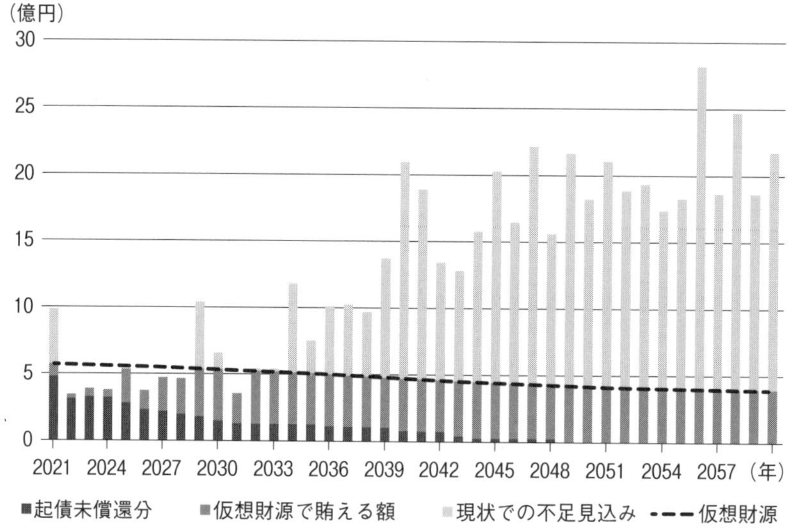

▶▶ 不足額を解消できる削減目標は？

　公共施設マネジメント担当の仕事は、この不足額を解消することにあります。しかし、行革の取組みが進んでいる今、委託や人員削減は、すでにかなり進んでいる自治体が多いことでしょう。ハコモノをすべて維持することを前提に考えても、解消のための財源を生み出す余地は、ほとんど残されていません。

　したがって、ハコモノ削減という結論に至るわけです。ハコモノを減らすことによって、将来の更新費用を少なくし、起債の償還額を減らすことができます。また、削減したハコモノにかけていた維持管理運営費

用を更新費用に関する起債の償還に充てていくことができます。すなわち、減らすことができる起債の償還額と、不要にできる維持管理運営費用が一致するところまでが削減目標値となります。

秦野市の維持管理運営費用は、40年間で1200億円、ハコモノを10%削減するごとに120億円の財源が生まれます。また、不足する起債償還額は360億円、10%削減するごとに不足額は36億円減少します。この場合のシミュレーションを行った結果が**図表60**です。

維持管理運営費用削減額を表す一次関数は、$y = -12x + 1200$、同じく起債償還不足額は、$y = 3.6x$ です。y が一致する交点は、$-120x + 1200 = 36x$、$x = 約77\%$ となるので、削減目標は、$100\% - 77\% = 23\%$ となります。

図表60　不足額解消シミュレーション

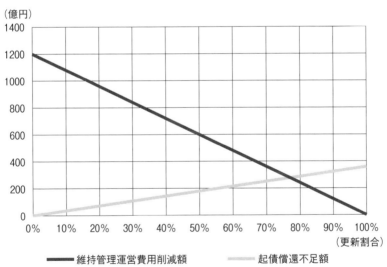

ただし、ここでは、考え方の説明のために、簡易なシミュレーションを行っています。実際に必要な作業は、地域総合整備財団のホームページでExcelの試作版「神奈川県秦野市の試算ツール」を公表しています。各自治体の実情に応じて改良できますので、確認してみてください。

5|3 ◎…あれか、これかの現実

▶▶ 目安から最終目標へ

　ここまでの作業でわかった削減目標は、あくまでも目安です。その目安を目標にして、個別の施設を残す、残すが縮小する、残さない、というように仕分けることにより、最終の目標値が決まります。目指す姿を秦野市のデータを用いて表すと、**図表61** のようになります。

図表61　削減シミュレーションの最終形

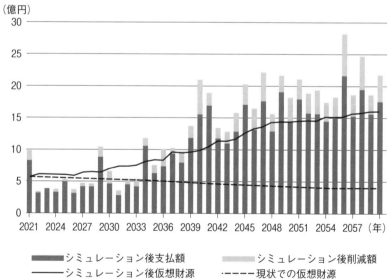

　2060 年までにおける起債償還等の額は、約 537 億円から約 444 億円に圧縮されました。これに対して、仮想財源は、約 190 億円から約 428

億円に拡大し、不足額は、約 347 億円から約 16 億円に圧縮されます。

　この結果に基づき、10 年ごとの具体的な削減目標をまとめたものが**図表 62** となります。

図表 62　10 年ごとの削減目標

区分		2030 年まで	2040 年まで	2050 年まで	2060 年まで
小中学校 対象：171,079 m²	面積	1,098 m²	△ 13,039 m²	△ 31,837 m²	△ 33,346 m²
	割合	0.6%	△ 7.6%	△ 18.6%	△ 19.5%
その他 対象：97,812 m²	面積	△ 3,928 m²	△ 24,012 m²	△ 33,976 m²	△ 35,811 m²
	割合	△ 4.0%	△ 24.5%	△ 34.7%	△ 36.6%
合計 対象：268,891 m²	面積	△ 2,831 m²	△ 37,051 m²	△ 65,813 m²	△ 69,157 m²
	割合	△ 1.1%	△ 13.8%	△ 24.5%	△ 25.7%

▶▶ 残せる施設の量を再確認

　最終的な削減目標値は、25.7％、内訳は、小中学校 19.5％、その他 36.6％となっています。小中学校とその他の目標値を分ける理由ですが、小中学校は、必要面積以上に削減できないからです。小中学校は、文部科学省が学級数に応じた整備基準面積を示しています。それを下回るということは、日本国憲法により保障されている「義務教育の機会均等」に反することになってしまうからです。

　したがって、削減のシミュレーションを行う場合は、まず、児童・生徒数の推計から学校の面積を確保し、残る削減面積をその他の施設で補うという手順で行うことが必要です。

　このシミュレーションでは、その他の施設を 4 割近く減らさなければならなくなりました。自治体職員も住民も、あれも、これも残したいというのが本音だと思います。しかし、削減目標が全国的に見ても低い部類に入る秦野市でも、残すことができるのは、あれか、これかです。残す施設を決めるための評価を行ったり、住民とのワークショップを開いたりする自治体も多くありますが、まず、あれか、これかであることをしっかりと意識して、作業を進めていく必要があります。

5｜4 ◎…データをベースに 温かい心で計画を

▶▶ 地域や住民にとって違和感のない計画にする

　しっかりと計算された目標値を掲げた自治体は、その目標を達成するために、具体的な行動に移ることができます。「公共施設等総合管理計画」や自治体独自の方針は、中長期的な指針です。その期間をいくつかに割った短期の実施計画、国が求めている個別施設計画となるものですが、その中に具体の取組みを定めていくことになります。

　しかし、この短期の計画は、数字ばかりが目に付く血も涙もないようなものであってはいけません。なぜなら、「公共施設等総合管理計画」や自治体独自の方針は、総論です。住民の皆さんも、人口減少と高齢化が進めば、自治体財政も厳しさを増していき、すべてのハコモノを維持することは不可能になるということは理解できています。しかし、個別具体のハコモノをどうするかについて定める短期の計画に対しては、より一層住民の理解と協力が不可欠になるからです。

　学校をはじめとするハコモノは、住民の生活に密接に関わっているので、どのように配置されるかが重要です。多くの自治体では、**図表63**に示すようなイメージで配置を決め、集約や統廃合を進めていきます。

　しかし、それを決めるためには、自分の自治体や地区が、どのような歴史をたどって今の姿に至っているか、その成り立ちを知ることが必要です。長い歴史を経て、住民のコミュニティは形成されています。それをまったく無視して、機械的に統廃合を行えば、住民は、大きな違和感を覚え、反対の声が上がりやすくなります。地区の伝統や文化、風土、住民の気質など、こうしたものにもしっかりと目を向けた計画とすることが必要です。

図表63　ハコモノ配置の単位のイメージ

自治体の区域

全域対応型施設：ホール・図書館本館・総合福祉センターなど

A地区

地域対応施設

図書館分館

公民館など

a1 学区
児童館など

a2 学区

B地区

b1 学区

b2 学区

C地区

c1 学区

c2 学区

▶▶ 学校は地域の中心

　学校の統廃合をせざるを得ない自治体も多いことでしょう。しかし、学校は、明治時代から地域の中心であったハコモノです。1学年1人しかいないというような状態ならばまだしも、「子どもたちにはマイクロバスを出せばいい。そのかわり、高齢者が使うハコモノを残してほしい」こうした声が地域から上がっているという話を耳にしたこともあります。

　どの家庭でも、子どものことを第一に考えるはずです。それができないのであれば、その家庭は、崩壊しているに等しいと思います。子どもを大切にしないまちに、子どもたちが戻ることはないでしょう。

　「伝統や文化にも配慮し、学校の統廃合にも慎重に、それでは目標は達成できるはずはない」、そう思う方がいても不思議ではありません。しかし、しっかりとしたデータに裏付けされた取組みであるからこそ、住民に選択肢を示すことも、対案を示すこともできるはずです。数字をしっかりと冷静な頭の中に置き、温かい心で住民の皆さんと向き合ってください。

5|5 ◎…長寿命化の 落とし穴

　公共施設更新問題に対する取組みが全国的に進むにつれ、国からも自治体からも「長寿命化」という言葉がよく出されるようになってきました。

　建物の長寿命化には、3つの意味があります。まず1つ目は、「建てるときから築80〜100年使うことを前提とする長寿命化」です。2つ目は、築30〜40年で建て替えるのではなく、「築50〜60年で建て替えましょう」ということです。そして3つ目は、「築50〜60年ではなく、築80年くらいまで使いましょう」という意味です。今、国や自治体で行われているのは、3つ目の長寿命化が主です。

　たしかに、きれいに改修され、今までどおり利用できる施設を、「長く大事に使いましょう」ということに反対する住民は少ないはずです。また、自治体にとっても、事業費を平準化できるという一見メリットのように見える効果もあります。削減よりも長寿命化を選択する自治体が多くなることも理解できます。

　国が長寿命化を進めているのは、補助金を交付する側だからだと考えています。高度経済成長期もそうでした。首都圏を中心に人口が急激に増え、各地で学校の建設が相次ぎました。国は補助金の交付を分散するために、自治体に学校建設公社という旧民法34条に基づく財団を設置させました。

　その学校建設公社が借金をして学校を建設し、自治体は、建設費用にかかった借金の元金と利息に相当する額を分割して公社に支払いました。その分割した支払額に対して、国は補助金を交付し、補助金交付額

を平準化していたわけです。

　そのようにして集中的に建設された学校が、再び更新の時期を迎えています。子どもの数が減り、面積が少なくなるとしても、当然、国は補助金の交付を平準化したいと考えます。すでに文部科学省では、補助メニューの中に長寿命化を加えています。将来、「長寿命化を経なければ、建替えに対して補助金は交付しません」となっても不思議ではないと考えています。

▶▶ 公債費は平準化できない

　しかし、長寿命化を自治体として考える場合には、注意しておかなければいけないことがあります。事業費は平準化できても、事業費に充てた起債の償還は、平準化できないということです。

　15 万 m² のハコモノを 10 年間で建て替えた場合と、長寿命化工事を行って 30 年間かけて建て替える場合の事業費のイメージを**図表 64** に示しました。建替え工事費は 30 万円/m²、長寿命化工事費は 10 万円/m² です。目前の急激な事業費の増加は回避され、事業費は平準化されます。

図表 64　長寿命化後の事業費平準化のイメージ

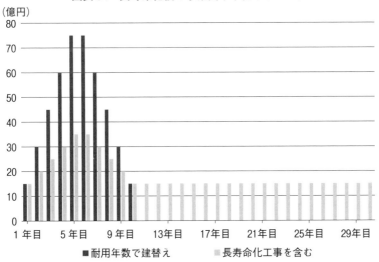

次に、この事業費に占める起債に着目してみます。更新、長寿命化工事ともに財源は、一般財源25％、起債75％です。また、長寿命化工事は、元利償還金の30％が交付税措置されると仮定しています。起債は、利率年1.5％、元金3年据え置き後、25年分割償還という条件です。この起債の償還に、各年度の一般財源負担分を加えた額の推移を表したものが**図表65**です。

長寿命化しない場合の起債の償還等の額のピークは、6年目の22.6億円です。これに対して、長寿命化した場合のピークは、29年目の20.0億円です。ピークの額は多少低くなりますが、20年以上先送りすることになります。人口や税収がこの先も増えていくのであれば、この選択が正解です。しかし、日本中のほとんどの自治体で人口が減ることは確実であり、税収増は期待できません。

図表65　公債費等負担のイメージ

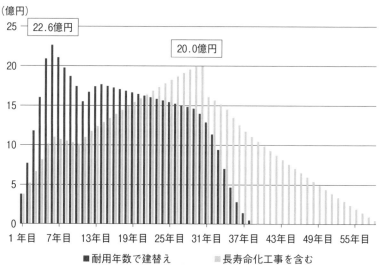

▶▶ 住民一人あたりの負担は増える

そこで、住民一人あたりの負担に注目してみます。特に主な納税者となるにもかかわらず、少子高齢化の影響で減少の速度が速くなる生産年

齢人口に注目してみます。条件は、1年目の生産年齢人口は 85,000 人、毎年 500 人ずつ減少し、最終年の生産年齢人口は、56,500 人となります。この条件で、生産年齢人口一人あたりの起債の償還等にかかる額の負担を**図表 66** に表しました。

長寿命化しない場合のピークは、6年目の 2.7 万円/人です。これに対して、長寿命化した場合のピークは、30 年目の 2.8 万円/人です。長寿命化した場合のほうが、ピークの金額は大きくなりました。安易な長寿命化には、こうしたリスクが潜んでいます。また、公共施設全体で見れば、長寿命化して更新問題をしのぐしかない、数を減らすことが難しい橋や、雨水排水処理施設などもあります。安易に長寿命化してしまったハコモノへの負担に、こうした施設の負担も加わることになれば、将来の市民の負担は、大変重たいものになってしまいます。

今後も、国は長寿命化に対する支援を強化してくると思いますが、自治体は、人口や財政の推計、補助金の活用、起債の償還のシミュレーションなど、さまざまな要因を総合的に加味して、中長期的な視点で長寿命化をするか否かを判断する必要があります。まさに、総合調整役である公共施設マネジメント担当だからこそ、しなければならない仕事です。

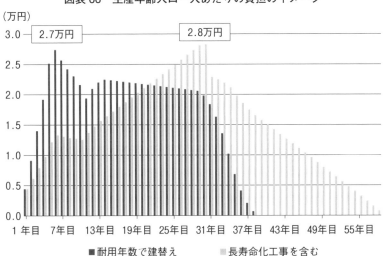

図表 66　生産年齢人口一人あたりの負担のイメージ

5 | 6 ◎…やってしまいがち なNGポイント

▶▶ メンテナンスでしのごうとする

公共施設マネジメントを進めようとした自治体の中には、躓いてしまった自治体も少なくありません。庁内の連携不足、住民の反対など、どの自治体でもありがちですが、それ以外で、注意を払っておくべきポイントを解説します。

まず1つ目は、面積を削減するのではなく、長期修繕計画などを作り、メンテナンスで公共施設更新問題をしのごうとすることです。

長寿命化にも言えることですが、ハコモノを残したままでは、すでに行革も進んでいることから、維持管理運営費用が大きく減る余地はありません。それなのに、さらに、大きな工事費を調達しなければならないのが、長寿命化や長期修繕計画です。

早くから公共施設マネジメントの取組みを進め、ハコモノを残しながらも、長期修繕計画をうまくまわしている自治体として、東京都武蔵野市が挙げられます。

武蔵野市では、2004年に公共施設保全整備計画を作り、計画的な予防保全に努めています。ただし、2017年度における武蔵野市のハコモノ面積は、市民一人あたり 2.22 m^2 と少なめです。また、財政力指数は、全市町村の中で上から9番目の1.51です。100%とはいかないまでも、保全整備計画のための財源は確保できるでしょう。

すなわち、こうした自治体でなければ、せっかく長期修繕計画のような計画を作ったとしても、そのための財源が確保できないので、意味がなくなってしまうということです。

しかし、公共施設マネジメントを進めるためには、長期修繕計画のよ

うな計画的な予防保全に目を向けることも必須です。したがって、まず、ハコモノを削減する、使用料を見直すなど、逃げたくなる仕事ではありますが、財源調達策を先行していく必要があります。

▶▶ 廃止する施設を評価で決める

2つ目は、廃止する施設を評価で決めることです。

評価をすること自体は、否定しません。評価結果をもとに説明をすれば、住民も納得しやすい場合もあるでしょう。

しかし、問題は、評価項目です。客観的に誰が評価をしても結果が同じになるものではなく、たとえば、外壁にクラックが多い、少ないでは、どの程度の幅のクラックを数えるのかが曖昧です。こうした主観に左右される評価項目の場合、声の大きいもの勝ちとなり、不公平感が生まれやすくなります。そうなれば、結局、調整がつかなくなって先送りとなり、1つも減らすことができないという自治体もあります。

また、客観的な指標として、利用者一人あたりのコストを評価に用いたとします。しかし、たとえば図書館は、1,000〜2,000円となる高コスト体質のハコモノです。それでも、どこの自治体でも重要視されるので、高コストだからといって廃止とはならないでしょう。そうなれば、他のハコモノも黙ってはいません。所管課や利用者からは、あれも大事、これも大事と声が上がり、例外ばかりの評価結果になってしまうでしょう。

そもそも、削減目標が高くなる自治体では、評価すること自体に意味がない場合もあります。ひととおり評価を終え、残すと決めても、削減目標から見れば、結局多くの施設を残せないとなれば、評価にかけた労力は無駄になります。まずは、しっかりとした削減目標を掲げ、現状のハコモノ面積と、残せる面積を比較したうえで、評価という手法を取り入れるか否かを判断してください。

5│7 ◎…ポジティブに、
そしてアピールを

▶▶ ピンチはチャンス

　ハコモノの公共施設更新問題への対応は、まず、面積削減に目を向けなければいけません。住民の皆さんも、庁内も、理由はわかってはいるけれども、ハコモノが減ることに対して、悲観的になりがちです。

　しかし、公共施設マネジメントの取組みは、そんな暗い話ばかりではありません。今まで予算が足りずに、修理すら満足にできなかったハコモノを、新しく、より使いやすいハコモノに変身させるチャンスでもあります。

　「公共施設等総合管理計画」などの方針や、個別施設計画などを策定したり、見直したりするときは、公共施設マネジメントの取組みは、今までより安い住民負担で、今までよりよいハコモノサービスを提供するものであることを、強くアピールできるものにしてください。

▶▶ 応援団を増やす

　たとえば、学校の体育館と公民館を複合化した施設を学校の敷地内に建てます。この施設は、義務教育施設とはせず、社会体育施設とします。そのことにより、民間のスポーツジム運営会社を指定管理者として、自治体に代わって維持管理・運営を行うことができるという計画です。もちろん、義務教育活動が最優先で使うことができますが、空いた時間やスペースは、民間会社が積極的に活用します。

　こうした計画に対して学校からは、「緊急の全校集会が開けない」「いつでも自由に使えないのは困る」などのいろいろな声が出るでしょう。

そのため、学校やPTAの中に、応援団をつくるような計画にし、進め
やすくするような工夫を行う必要があります。

　たとえば、指定管理者は、この施設で住民向けのダンス教室を開きま
す。そして、ダンスのインストラクターは、体育の授業で行うダンスの
補助を行うような仕組みを作ります。水泳のインストラクターをプール
の授業に派遣することもできるでしょう。自分が中学生だったころを思
い出してください。体育の先生がすべての競技に対して、万能ではなかっ
たはずです。

　単なる管理会社を指定管理者にしたり、公民館を公営としていたりし
たら、こうしたプラスの効果を生むことはできません。スポーツジム運
営会社に任せるからこそ生むことができる相乗効果です。教育環境に与
えるプラスの効果は、教員やPTAへの大きなアピールポイントとなり
ます。これを計画段階から見せられる完成度があれば、さらに理解は得
られやすくなるでしょう。

▶▶ 学校がカギを握る

　多くの自治体で、土地や建物ストックに最も多くの割合を占めている
のが学校です。公共施設マネジメントの取組みの成否は、その学校をい
かに活用できるかがカギを握っていると言っても過言ではありません。

　その学校をいかに口説き落とすことができるかは、教育上のプラス効
果だけではなく、教員の負担軽減にもあります。プールの水を出しっぱ
なしにして、教員が水道代を弁償するというニュースをよく耳にします。
体育館の電球交換の時期を、予算とにらめっこしながら考えている教頭
先生もいます。

　プールや体育館の管理を学校から解放してあげるだけで、かなり教員
の負担が軽減されるはずです。こうした点も、アピールポイントの1つ
となります。

▶▶ 早く見本を作る

アピールポイント満載の事業を、取組み全体のシンボル的な事業に掲げ、真っ先に完成させることも大切です。こうした事業が違うパターンで複数あれば、なおよいでしょう。

今までと管理運営形態が異なるハコモノに対しては、役所が得体の知れないハコモノを作ろうとしているというような不安が、住民の皆さんの中にも生まれます。今までのハコモノを使い慣れた住民の皆さんは、今までと同じなのが一番安心できます。

そんなときに、見本となるハコモノがあれば、不安感は和らぎ、取組み全体をスムーズに進めていくことにもつながっていくはずです。はじめの1つは、生みの苦しみと思って、我慢してください。

▶▶ 説明の視点をポジティブに変える

また、複合化の計画に対しては、学校、PTA、教育委員会から、学校内に一般の人が日常的に出入りすると、セキュリティ上の問題があるという心配の声が必ず上がるでしょう。これに対して、「セキュリティには万全を尽くします」と抽象的に答えても、漠然とした不安は消えません。

そこで、このような内容で、説明をしてみたらどうでしょうか。

「学校は、刑務所のような壁で囲われているわけではありません。防犯カメラもありますが、常に誰かが映像を確認しているわけではありません。そういうセキュリティよりも、地域の皆さんの目というセキュリティのほうが信頼できます。お互いに顔を見知った地域の皆さんであれば、不審者は、すぐにわかりますし、常に大勢の大人の姿が見えると、逆に不審者も嫌がるのではないでしょうか」

これは、実際に学校の複合化を行った自治体から聞いた話をもとにしています。その学校では、地域の方が敷地内に日常的に出入りするようになったことにより、子どもたちの安全性は増したと感じているそうです。また、地域の皆さんにも、このハコモノを積極的に利用することが、

子どもたちの安全・安心な学校生活に貢献することになるという、ポジティブな気持ちが生まれているのではないでしょうか。

▶▶ ネガティブに対抗する

公共施設マネジメントの取組みに反対する方たちの中には、ネガティブキャンペーンを始める方もいます。次世代に負担を押し付けないように取組みを進めていくために、ときには、それに対抗していくポジティブキャンペーンが必要になります。それには、計画をポジティブにアピールできるポイントをできるだけたくさん作っておくことが大切になります。

経済成長と税収増が続く中では、公務員の仕事は、リスクを負わずに済みました。そのため、今でもリスクを過剰に嫌う傾向にあります。今までと違うことに対しては、「何かあったらどうする」という言葉がすぐに頭に浮かび、新しい発想をネガティブに捉えがちです。

しかし、これからはそうはいきません。今までと同じ思考での公共施設マネジメントを進めていたら、単にサービス低下を招いていくだけの取組みになってしまいます。常にポジティブ思考で発想してください。何かあったら、それは解決すればいいのです。何事も、きっとうまくいくはずです。

粗食のグルメ Season I

　お会いしたことのある方は、ご存じだと思いますが、私は痩身です。食も細く、朝ご飯は一汁一菜で十分です。でも、粗食だからこそ、うまいと思ったものは、本当にうまいはず。出張先で出合ったグルメを紹介します。

〈寿司部門〉

① 佐賀牛あぶりの握り（2013年7月：佐賀県唐津市）

　鯖寿司が食べたくて入ったまちのお寿司屋さん。あちこちから聞こえる「あぶり」を注文する声。品書きを見ると、佐賀牛あぶりとあります。1貫でも注文できるということなので、まず1貫。間髪おかず2貫目を注文したときの大将のドヤ顔が忘れられません。

② アジの握り（2015年1月：富山県氷見市）

　氷見市といえば、ブリで有名です。ブリの握りも、もちろん美味しかったのですが、びっくりしたのはアジでした。透き通った臭みのない味で、富山湾は恐るべしです。一目で絶対にやんちゃしてたろうなとわかる若い大将が握ってくれました。

〈麺部門〉

① 讃岐うどん（2014年8月：香川県まんのう町）

　農家の納屋のような所で営業している完全セルフのうどん屋さん。今まで食べてきたうどんは、なんだったのかと思いました。何件もはしごする人がいるみたいですが、気持ちはわかります。

② ちゃんぽん（2019年8月：長崎市）

　某チェーン店の味がちゃんぽんの味だと思っていた自分には、塩気が薄く、魚介の濃いダシが利いたクリーミーなスープは、カルチャーショックでした。

③ 釜揚げうどん（2013年4月：宮崎市）

　読売巨人軍の選手も訪れるというお店。讃岐うどんとは対極にあるやわやわのうどんです。2回宮崎市を訪れ、2回とも昼食はこのうどんにしましたが、日本のうどん文化は、奥が深いです。

第 6 章

持続可能なハコモノに するための手法

ただハコモノを減らすだけでは、行政サービスの低下を招くだけです。また、ハコモノには、新たに生まれるさまざまな社会的課題への対応も求められますが、建設すれば、その分維持管理が必要な面積が増えてしまいます。ここではさまざまな手法を駆使して、ハコモノによる行政サービスを維持・向上させる方法を解説します。

6|1 ◎…手法を考える
その前に

▶▶ 地方自治法を再確認

　ハコモノに限らず、自治体が所有する財産の管理に関しては、地方自治法にいろいろな規定があり、特に行政財産に対しては、さまざまな制限があります。せっかく考えた対策がこの制限にかかってしまっては、かけた時間と労力は、無駄なものになってしまいます。

　そこで、基礎知識として、最低限頭の中にいれておきたい地方自治法の規定を再確認しておきます。

▶▶ 行政財産

　まずは、行政財産に関して規定する第238条の4です。

　行政財産は、第2項から第4項に該当しない限り、貸付等ができません。また、行政財産のままで売却はできません。売却したい場合は、普通財産に変えなければなりません。

　土地の貸付等は、第2項第1号から第3号まで、建物は、第4号に規定されています。ハコモノの有効活用は、この第4号により行うことができます。

　第5項で準用する次条の規定とは、自治体の都合による契約解除と、それに対する補償の規定です。

　第7項から第9項までは、「行政財産の目的外使用」に関する規定です。第8項において、借地借家法の規定は適用されないと明記しています。反対解釈になりますが、貸付けにおいては、借地借家法の規定が適用されるとされていることに注意が必要です。

また、第9項においては、自治体の都合による使用許可の取消しができることを規定していますが、貸付けとは異なり、補償があることは明記されていません。

■地方自治法

（行政財産の管理及び処分）

第238条の4　行政財産は、次項から第4項までに定めるものを除くほか、これを貸し付け、交換し、売り払い、譲与し、出資の目的とし、若しくは信託し、又はこれに私権を設定することができない。

2　行政財産は、次に掲げる場合には、その用途又は目的を妨げない限度において、貸し付け、又は私権を設定することができる。

一　当該普通地方公共団体以外の者が行政財産である土地の上に政令で定める堅固な建物その他の土地に定着する工作物であつて当該行政財産である土地の供用の目的を効果的に達成することに資すると認められるものを所有し、又は所有しようとする場合（略）において、その者（略）に当該土地を貸し付けるとき。

二　普通地方公共団体が国、他の地方公共団体又は政令で定める法人と行政財産である土地の上に一棟の建物を区分して所有するためその者に当該土地を貸し付ける場合

三　普通地方公共団体が行政財産である土地及びその隣接地の上に当該普通地方公共団体以外の者と一棟の建物を区分して所有するためその者（略）に当該土地を貸し付ける場合

四　行政財産のうち庁舎その他の建物及びその附帯施設並びにこれらの敷地（以下この号において「庁舎等」という。）についてその床面積又は敷地に余裕がある場合として政令で定める場合において、当該普通地方公共団体以外の者（略）に当該余裕がある部分を貸し付けるとき（略）。

五・六　（略）

3・4　（略）

5　前3項の場合においては、次条第4項及び第5項の規定を準用する。

6　（略）

7　行政財産は、その用途又は目的を妨げない限度においてその使用を許可することができる。

8　前項の規定による許可を受けてする行政財産の使用については、借

地借家法（略）の規定は、これを適用しない。

9 　第7項の規定により行政財産の使用を許可した場合において、公用若しくは公共用に供するため必要を生じたとき、又は許可の条件に違反する行為があると認めるときは、普通地方公共団体の長又は委員会は、その許可を取り消すことができる。

▶▶ 普通財産

次に、普通財産に関する規定の第238条の5です。

普通財産は、基本的には自由に活用できます。

第4項では、貸し付けた後であっても、公用又は公共用に使用する必要が生じたときは、契約は解除できることを明記しています。ただし、借地借家法の適用を受けるので、第5項には、借受人は、解除により生じた損失の補償を求めることができることを明記しています。

第6項では、貸し付けた目的に供すること等に期限を決め、守られない場合は、契約を解除できることとし、第7項で、売払い又は譲与に準用できることを規定しています。

（普通財産の管理及び処分）

第238条の5 　普通財産は、これを貸し付け、交換し、売り払い、譲与し、若しくは出資の目的とし、又はこれに私権を設定することができる。

2・3 　（略）

4 　普通財産を貸し付けた場合において、その貸付期間中に国、地方公共団体その他公共団体において公用又は公共用に供するため必要を生じたときは、普通地方公共団体の長は、その契約を解除することができる。

5 　前項の規定により契約を解除した場合においては、借受人は、これによつて生じた損失につきその補償を求めることができる。

6 　普通地方公共団体の長が一定の用途並びにその用途に供しなければならない期日及び期間を指定して普通財産を貸し付けた場合において、借受人が指定された期日を経過してもなおこれをその用途に供せず、

又はこれをその用途に供した後指定された期間内にその用途を廃止したときは、当該普通地方公共団体の長は、その契約を解除することができる。

7　第4項及び第5項の規定は貸付け以外の方法により普通財産を使用させる場合に、前項の規定は普通財産を売り払い、又は譲与する場合に準用する。

8・9　（略）

▶▶ 補助金や起債を再チェック

　売却や貸付けを行う場合、建設費などに充てた補助金や起債の扱いがどうなるのかもチェックしておく必要があります。

　国や都道府県が定める処分制限期間内に売却や賃貸を行ったときは、補助金は返還となる場合があります。以前と比べて制限がゆるくなってはいますが、必ず都道府県に確認してください。

　なお、返還となっても、適正な手続きを踏めばペナルティはありません。土地に対する補助金は当時の取得価格、建物に対する補助金は使用年数に応じて償却されます。古めの施設であれば、金額はわずかなものになります。売却や賃貸収入と比較して低くなるのであれば、いとわず返還し、売却や賃貸を進めてください。

　また、起債は、繰上げ償還を求められる場合があります。こちらも古めの施設であれば、償還残額は少ないので、売却や賃貸の障害とはなりませんし、適正な手続きを踏めば、ペナルティもありません。

6|2 ◎…ハコモノを譲る

▶▶ 無償・減額譲渡の注意点

　廃止したハコモノや、その敷地を譲渡する場合があります。譲渡には、有償と無償がありますが、後者の場合や、前者の場合であって減額する場合は、注意が必要です。

　地方自治法には、次のような規定があります（下線は著者による。以下同様）。

■地方自治法

（財産の管理及び処分）

第237条　この法律において「財産」とは、公有財産、物品及び債権並びに基金をいう。

2　第238条の4第1項の規定の適用がある場合を除き、普通地方公共団体の財産は、<u>条例又は議会の議決による場合でなければ、</u>これを交換し、出資の目的とし、若しくは支払手段として使用し、又は<u>適正な対価なくしてこれを譲渡し、若しくは貸し付けてはならない。</u>

3　（略）

　減額や無償での譲渡は、各自治体の条例に規定する内容以外は、議会の議決が必要になります。条例の内容は、自分の自治体のものを確認しておいてください。一般的には、「財産の交換、譲与、無償貸付等に関する条例」というような名称で、無償又は減額できる相手は、国、地方公共団体、その他公共又は公共的団体に限られています。

▶▶ 地域の施設は地域への無償譲渡を検討する

　集会所、児童館、老人いこいの家など、木造で平屋か2階建の小規模なハコモノを多く持っている自治体もあります。駐車場も少なく、徒歩圏の住民だけが使用するようなハコモノですが、小さいからといって更新をしていれば、塵も積もればとなり、目標を達成できなくなります。

　近くに公民館などの機能を代替できる施設があれば、廃止するべきですが、そうでない場合、自治会や町内会などの地域の地縁団体に無償譲渡し、地域の力で継続させるという方法があります。ただし、その場合には、地域住民との協働により、従前のハコモノが持っていた機能を継続させることも検討しておく必要があります。

　メリットとしては、地域の施設とすることにより、法や条例に基づく公共施設であるからこそ受けていた用途の制限などは、取り払われます。地域の発案で、自由度の高い運営を行うことができるようになり、より地域コミュニティの拠点としてふさわしいハコモノに、生まれ変わらせることができます。

　デメリットとしては、今までとは違い、住民の皆さんは汗をかく必要があります。また、維持費の負担も必要になります。そのデメリットを受け入れていただくためには、住民の皆さんと、しっかりと危機感を共有できる関係をつくり上げていくことが大切です。

▶▶ 適正価格でも議決が必要な場合に注意

　また、適正な価格での売却であっても、注意する点があります。

　地方自治法では、次のように定めています。

> 第96条　普通地方公共団体の議会は、次に掲げる事件を議決しなければならない。
>
> 　一〜五　（略）
>
> 　六　条例で定める場合を除くほか、財産を交換し、出資の目的とし、若しくは支払手段として使用し、又は適正な対価なくしてこれを譲

渡し、若しくは貸し付けること。

七　（略）

八　前2号に定めるものを除くほか、その種類及び金額について政令で定める基準に従い条例で定める財産の取得又は処分をすること。

（以下略）

　売却する財産の面積や金額が一定の数量を上回る場合には、議会の議決が必要となります。

　条例の内容は、自分の自治体のものを確認しておいてください。一般的には、「議会の議決に付すべき契約及び財産の取得又は処分に関する条例」というような名称で、予定価格○千万円以上、かつ、土地については、1件○千平方メートル以上のものの売払いは、議決要件とするというような規定となっています。なお、金額や面積は、自治体の大きさにより異なります。一般的には、規模の大きい自治体ほど、数字が大きくなっていきます。

▶▶ 積極的に情報発信する

　ハコモノの用途を廃止した後の建物や土地の売却収入は、他のハコモノの更新に充てることができる有効な財源となります。積極的に売却を行うべきですが、売却しようとすると、少なからず地域の反対を受けることがあります。その理由は、「地域が衰退するから何かを作ってほしい」ということが多いのではないでしょうか。

　ハコモノを減らすために廃止したのですから、ここにまたハコモノを作ってしまったら、元の木阿弥です。こうした場合、売却益は、地域のほかの公共施設の維持や更新に充てるようにすると、理解を得られやすくなります。

　それでも、地域の衰退を防ぐための活用を条件とするのであれば、民間の力に頼るべきです。ただし、自治体の職員と住民の皆さんだけで考えていても、妙案は浮かびません。理由は、普段見慣れてしまっている

その場所の魅力が、一番わからないのは自治体の職員と住民の皆さんだからです。外から見なければわからないその場所の魅力に気付いてもらうためには、情報を積極的に広く発信する必要があります。

中国地方のある自治体では、廃校の売却に頭を悩ましていましたが、その情報を聞いた近隣自治体にある淡水魚の養殖業者が、買い手に名乗りを上げてきたそうです。

その理由は、学校の裏手の山の湧水です。それを敷地内に引き込んで、養殖を行うという計画だったそうです。自治体の職員が敷地の中だけを見て考えていたら、思い付くことはできません。情報を外に出したからこそ、周囲の環境の魅力に気付く人が現れ、廃校に付加価値を見出しました。結局は、水利権の問題で売却には至らなかったそうですが、情報を広く出すことの大切さを教えてくれる事例なので、紹介させてもらいました。

▶▶ 条件は控えめに付ける

また、条件を付ければ付けるほど、対象は絞られてしまいます。各地の成功事例を見ると、広く受け入れる心と、地域とのコミュニケーションを濃く求めすぎないことも成功の秘訣になるといえそうです。

そして、有償での売却の場合、固定資産税を課税できる相手への売却が見込めるのであれば、無税だった建物や土地が、税収を生むようになるので、金額もあまり欲張らないことです。

最近では、埼玉県深谷市で、廃校の体育館が残っている敷地について、土地の価格から建物の解体費用を差し引いた、マイナスの予定価格での入札が行われています。

これは、市が体育館を解体しても、土地の売却代金が解体費用より安かったり、買い手がつかなかったりするリスクを回避するためです。落札価格もマイナスだったので、土地は、落札者に建物の解体条件付きで無償譲渡されています。売却に悩んでいる自治体では、ぜひ参考にしてください。

6|3 ◎…ハコモノを貸す

▶▶ ハコモノが貸しやすくなった

2006年に地方自治法が改正され、従来、国や地方公共団体、一部の公的団体に限られていた行政財産を貸し付けることができる相手が拡大されました。この改正は、行革や市町村合併等により、余剰となった行政財産の有効活用を進めやすくすることや、PFI法の制定や地方からの要望への対応が背景となっています。

また、この改正により、特に民間に行政財産を使用させるための唯一の手段であった、目的外使用許可制度との使い分けが容易になりました。目的外使用許可制度ではできなかった、使用する側の権利も保護することができるようになり、ハコモノの、より一層の有効活用が可能となりました。

▶▶ ハコモノによくある話

多くのハコモノには、なぜか余裕のあるスペースがあります。

公共施設は、固定資産税を払いません。また、赤字経営を前提としたものがほとんどです。自治体には、そのスペースが無駄か否かを考える習慣がありませんでした。だから、そうした無駄ともいえるスペースがたくさんあります。

しかし、これからはそうはいきません。ハコモノの大切な役割を維持・向上させていくため、そうしたスペースは、積極的に運用や活用を進めていく必要があります。この維持・向上のために直接的に、あるいは、対価を維持費に充てるなどにより間接的に寄与する手段の1つが「貸す」

ことです。

　地方自治法では、庁舎等の床面積又は敷地に余裕がある場合は、民間にも貸すことができ、この余裕がある部分とは、地方自治法施行令第169条の3において、「事務又は事業の遂行に関し現に使用され、又は使用されることが確実であると見込まれる部分以外の部分」とだけ規定されています。まさに、「何でこんなに広いの」というようなスペースは、これに当たるのではないでしょうか。このようなスペースは、積極的に貸付けを行っていきましょう。

▶▶ 民間に貸す

　民間に貸すことの目的は、2つです。1つ目は、賃貸料を得ること。そして、2つ目は、民間の力によって、ハコモノの機能を高めたり、補ったりすることです。

　このうち、1つ目の目的である賃貸料を得るための注意点を確認しておきます。

　自動販売機を置くぐらいの賃貸であれば、民間は、そんなに大きなリスクを負うことはありません。しかし、自治体から土地を借りて店舗を建設する、あるいは、借りた建物の中を改装するといったような投資を行う場合、できるだけその投資が回収不能となるようなリスクを減らしておく必要があります。また、結果として、このことが賃貸料を増やすことにもつながります。

　そのためには、自治体の都合により、補償もなく退去させることが可能な行政財産の目的外使用制度ではなく、借地借家法に基づく賃貸借としておく必要があります。ただし、契約期間の更新がある普通賃貸借では、特に土地の場合は、「貸した土地は戻らない」と言われるほど、借主の権利が強いものになります。また、借受人が建てた建物、あるいは、貸した建物が賃貸借の目的を果たせる状態である間は、貸主が契約更新を拒んでも、自動的に法定更新されてしまいます。したがって、契約を打ち切るためには、相応の補償を行うことになりますが、これでは、自治体側のリスクも高いものとなります。

そこで、双方のリスクを軽減できる事業用定期借地又は借家制度を用いるほうが無難です。この制度は、期限を決めて、その期間に借受人が事業活動を行う権利を保障します。そして、契約期限到来後は、契約更新はできないので、土地や建物が貸主に必ず返還されることになります。

なお、借地借家法に基づく賃貸は、ほぼ民間同士の賃貸借と同じなので、詳しいことは、神戸市などの自治体のホームページで掲載されている借地借家法の Q&A などで確認することができます。

▶▶ 国・都道府県に貸す

ハコモノを貸す相手として、自治体にとってリスクが低い国や都道府県も有力候補となります。

近年は、「公有財産のマッチング」とも呼ばれますが、国や都道府県も公共施設更新問題が起きることは同じです。お互いの負担を低くしながら、ハコモノが持つ大事な機能を維持していくために、国や都道府県が市区町村と合同で庁舎を作ったり、また、既存の庁舎の中に同居したりすることが積極的に進められています。

特に、市区町村の区域の中に、耐用年数を迎えている、あるいは、耐震性が低い国や都道府県の出先機関の庁舎がある場合は、積極的に持ちかけてみてください。賃貸料は、減額はあっても、無償である必要はありません。ハコモノの維持管理費用に充てられる貴重な特定財源となるはずです。

▶▶ 土地を貸して低負担でハコモノを整備する手法

ハコモノの総量削減は避けて通れない中でも、新たな行政課題への対応として、ハコモノを作らなければならなくなる場合もあります。また、必要性の高いハコモノであっても、更新時における負担は、できるだけ抑える手法を考える必要もあります。

そこで、自治体が所有する土地を賃貸することにより、新たな負担を抑えながらハコモノを整備する手法について解説します。

まず、民間が建物を建設し、その一部を公共施設として賃借するパターンです。

この場合のメリットは、土地賃貸料収入と、建物の賃借料を相殺し、負担を低くする、あるいは、土地賃貸料のほうが大きい場合は、差額を公共施設の運営費に充てることができます。また、建物の維持補修やメンテナンスに関する職員の労力や、費用の負担がなくなります。

デメリットとしては、民間施設に不採算などの理由による早期撤退などの不測の事態があった場合は、建物の買取りを行わなければ、契約満了前に公共施設の機能が失われてしまうということがあります。

次に、自治体所有地に民間と所有権を共有する建物を建てる場合です。この場合は、建物賃借料は不要になるというメリットはありますが、工事費の負担と建物の維持補修やメンテナンスに関する費用などの負担が生じることがデメリットとなります。ただし、借地権も準共有されることとなり、民間施設に不測の事態があった場合でも、公共施設の機能は維持することができます。

いずれにしても、今までよりも低い負担でハコモノを整備するというリターンを得るためには、必ずリスクが存在します。メリット、デメリットをよく比較して整備手法を検討してください。

▶▶ 意外と貸しやすい学校

学校の校舎は、同じ形の部屋が等間隔で配置されていることから、改修工事もしやすく、他の用途に転用しやすいハコモノです。福祉施設や宿泊施設などに転用されている事例もありますが、ここでは鳥取市の事例を紹介します。

鳥取市には、廃校の校舎を活用したLED照明による野菜栽培の工場があります。この工場では、障害者も雇用されていることから、行政課題に対する2つのメリットが生まれています。

廃校は、地域の思いもあり、譲渡や貸付けによる転用がしにくい場合もあります。しかし、このように自治体や地域に対して、複数のメリットを生めるような工夫があれば、転用を進めやすくなります。

6|4 ◎…ハコモノを任せる

▶▶ まとめて広く任せる

ハコモノの維持管理・運営を民間に任せることにより、コストの削減とともに、ハコモノの機能を高めることも期待できます。手法としては、業務委託、指定管理者、民営化などが挙げられます。

業務委託は、行革が進む中で多く取り入れられてきた手法であり、主な目的は、人件費をはじめとするコストのカットです。ただし、現時点では、かなりの分野で進んでおり、単体のハコモノだけで見れば、新たな委託の余地は少なくなっています。

そこで、近年では、複数のハコモノをまとめて発注することにより、スケールメリットを活かそうとする包括委託が進んでいます。ビルメンテナンス業者などが取りまとめ役となりますが、今まで地元の中小の企業に出されていた仕事が一括して取りまとめ役に出されるとなれば、当然、地元企業からの反発が起きます。金額だけで決める入札方式よりも、地域経済への貢献などを評価項目にしたプロポーザル方式で受注者を決めるなどの配慮が必要です。

最近では、東京都東村山市や広島県廿日市市で好事例がありますので、確認してみてください。

また、小さな自治体では、たとえまとめて発注したとしても、スケールメリットが出ない場合もあります。こうした場合には、近隣の自治体との広域連携を行い、複数の自治体のハコモノをまとめて発注することにより、スケールメリットを出せるようにするような仕組みづくりも進める必要があります。

▶▶ 餅は餅屋に任せる

業務委託にハコモノの機能向上を加えることが期待できる制度として、指定管理者制度があります。

制度の開始当初は、業務委託のようなコストカットを主目的とする指定管理者が目立ちましたが、最近では、金銭面のメリットよりも、ハコモノの機能向上による利用者の増加を目的とする指定管理者が増えてきました。公務員は、比較的異動が早く、その道のプロが育ちにくいのが現状です。そうした公務員が運営を企画するよりも、専門にしている企業が運営することにより、格段に魅力が向上する場合があります。

また、新たなハコモノを任せる場合には、設計の段階から指定管理者となる企業が関わることにより、更なるコスト削減と魅力の向上が期待できます。PFI 事業であれば、BTO（Build（建てて）-Transfer（所有権を移転して）-Operate（管理・運営する））や BOT 方式など、PPP 事業であれば、DBO（Design（設計して）-Build（建てて）-Operate（管理・運営する））方式とすることにより、完成後の維持管理・運営を行う企業と設計を行う企業とが一体となって計画を作ることができます。

▶▶ すべてを民に任せる

これは、民営化と呼ばれる手法です。委託や指定管理ではハコモノは減りませんが、民営化することによって、サービスを維持しながらハコモノ面積を減らすことができます。民は、民間企業だけではありません。社会福祉法人や学校法人、住民も含みます。

民営化といえば、以前はコストカットの方法の1つでした。しかし、自治体の財政は、厳しさが増すばかりです。自治体が経営していても、サービス拡大は望み薄ですが、民営化することにより、サービスが充実・拡大できるケースもあります。

特に福祉の分野は、市区町村が運営していると、国や都道府県の補助は受けられませんが、社会福祉法人が運営すれば、補助の対象となるサービスも多くあります。今後は積極的に民営化を検討する必要があります。

◎…ハコモノを合わせる

▶▶ 複合化は必須

　複数のハコモノを1つにすることを複合化といいます。各地で積極的に行われるようになってきましたが、その効果の1つは、床面積が節約できることです。

　一般的に建物の床面積の4割は、玄関、廊下、階段、エレベーターなどの共用部分といわれます。複数のハコモノを1つにすることにより、それぞれにあった共用部分を減らすことができます。特に玄関、階段、エレベーターなどは、効果が高くなります。

　面積を減らしながらも、ハコモノが持つ大切な役割を残していくために、複合化は必須です。

▶▶ 稼働率を上げる

　同じ用途の部屋を持つハコモノが各地に散らばっていたり、あるいは、建設の際に交付された補助金の種類によって、名称を変えて近くに存在していたりするケースもあります。それでも、それぞれの部屋がフル回転しているような状態であればいいのですが、どれもみな稼働率が低い場合が多いのではないでしょうか。こうした部屋は、複合化して1つにまとめることにより、効率的に使われるようになります。

▶▶ 学校と公民館は機能が似ている部屋が多い

　学校には、特別教室として、音楽室、家庭科調理室、図工室などがあ

りますが、特に生徒数が多い中学校では、第二、第三と複数の部屋を持つケースがあります。また、これらの部屋は、公民館やコミュニティセンターの多くにも設置されています。これらを学校敷地内で複合化することにより、たとえば、利用回数が少なくなる第三音楽室は、学校に作らずに公民館の音楽室を使うようにすれば、面積の節約になります。

　また、地区体育館と学校の体育館も合わせて、少し広めのアリーナ一つにする、プールも学校の屋内に入れて、周辺の学校のプールは廃止するなど、**図表67**に示すような学校施設を核とした複合化は、公共施設マネジメントのシンボル的な取組みとなります。

図表67　学校施設との複合化のイメージ

3F	視聴覚室	音楽室	武道場	
2F	調理室	美術室	大アリーナ
1F	図書室	会議室	小アリーナ	屋内プール

　こうした施設は、社会教育施設に位置付け、民間会社を指定管理者とすれば、複合化の効果を一層高めることが期待できます。

　中学校設置基準では、義務教育活動に使用する施設は、すべて義務教育施設ではなくてもいいと定めています。異なる用途のハコモノを1つにしても、管理運営を分けていては、単に合築です。機能を最大限に発揮する管理運営形態にすることにより、初めて複合化と呼べます。

■**中学校設置基準**（平成14年3月29日文部科学省令第15号）

　（その他の施設）
第10条　中学校には、校舎及び運動場のほか、<u>体育館を備えるものとする</u>。ただし、地域の実態その他により特別の事情があり、かつ、教育上支障がない場合は、この限りでない。
　（他の学校等の施設及び設備の使用）
第12条　中学校は、<u>特別の事情があり、かつ、教育上及び安全上支障がない場合は、他の学校等の施設及び設備を使用することができる</u>。

6|6 ◎…ハコモノを守る

▶▶ 放りっぱなしではダメ

　公共施設更新問題の本質は、総量を維持できなくなることです。しかし、ハコモノには、それぞれ大切な役割があります。一度に多くのハコモノをなくすのではなく、時間をかけて、段階的に量を減らしていくことになります。それまでの間、できるだけ良好な状態で、なおかつ、低いコストで維持管理していくことも同時に考えなければいけません。

　また、「公共施設等総合管理計画の策定にあたっての指針」の改訂では、中長期的な維持管理・更新等に係る経費の見込みを計画に記載するための様式について、**図表68**のとおり示されました。

　この内容を見ると、長寿命化対策等の効果額を示すようになっています。つまり、従来の事後対処型の維持補修ではなく、予防保全型の維持補修を行うなどにより、ライフサイクルコストを軽減するとともに、できるだけ長寿命化を進めることを誘導しています。

　本書では、耐用年数以上に使用する長寿命化を積極的に薦めてはいませんが、60年程度まで良好な状態で使い続けるために、予防保全型の維持補修に転換することについては、無条件で賛成です。

　そのためには、個別施設計画と同時に、予防保全を進めるための計画も策定する必要があります。

　予防保全計画は、建物の部位や設備別に、改修や更新の時期及び費用を把握し、適切な時期にメンテナンスを行うことを計画するものです。自治体の財政が厳しさを増す中で、壊れたら修理するという事後対処型の対応が常態化しています。そして、結果としてそれが割高な維持補修や改修費につながっています。

施設の維持管理を担当したことがある職員の方であれば、数万円の部品の交換を先送りしたことにより、数年後に数百万円の工事費がかかったというような事例を聞いたことがあると思います。保全計画に基づくメンテナンスを進めれば、ライフサイクルコストの節減に大いに期待ができるはずです。

図表 68　中長期的な経費を示すための様式

		維持管理・修繕（①）	改修（②）	更新等（③）	合計（④）（①＋②＋③）	耐用年数経過時に単純更新した場合（⑤）	長寿命化対策等の効果額（④−⑤）	現在要している経費（過去○年平均）
普通会計	建築物（a）							
	インフラ施設（b）							
	計（a＋b）							
公営事業会計	建築物（c）							
	インフラ施設（d）							
	計（c＋d）							
建築物計（a＋c）								
インフラ施設計（b＋d）								
合計（a＋b＋c＋d）								

▶▶ コンクリートの調査も忘れずに

　そのハコモノをいつ改修するのか、あるいは、いつまで使い続けるのかを適切に判断するためには、コンクリートの劣化度状況も調査しておく必要があります。建設時には、一定の基準をクリアしていたコンクリートであっても、その後の使用環境等により、劣化度の進行状況には差が出ます。

　強度や中性化の進行状況を調査すれば、あと何年間くらい健全な状態で使用できるかがわかります。保全計画を策定する際には、同時並行でコンクリートの調査も進めてください。

　なお、特に首都圏では、高度経済成長期に多くの鉄筋コンクリート造の建築物が建てられました。まさに、ハコモノが大量に整備されていた時期と重なりますが、当時、コンクリートに使う川砂が不足し、海砂が使用されていた時期があります。一定の基準をクリアしていたとはいえ、海砂に含まれる塩分が鉄筋の腐食を早めている可能性もあります。こうした時期に建設されたハコモノについては、劣化状況の調査は必須事項となります。

▶▶ 日常点検も忘れずに

　予防保全計画を策定する時点で、すべてのハコモノの状態を隅々まで把握しておくことができればベストですが、そのためには、費用や時間も大きくかかります。そこで、一般的にいわれる耐用年数に応じて、躯体の改修や設備の更新時期を定めることが多くならざるを得ません。

　しかし、雨漏りに気付かず放置していれば、躯体を早く痛めてしまいます。また、設備は工業製品なので、出来、不出来が必ずあります。こうした理由により、「計画で決めた時期の前に故障した」「状態がひどくなったので改修した」となっては、せっかくの予防保全計画も意味がないものになります。

　こういった事態を回避するためには、日常の点検をしっかりと行うことが有効です。

日常の点検と小破修繕をセットにして、包括委託しているという自治体もあります。しかし、効果が将来でなければわからない予防保全のための費用に対しては、毎年の予算繰りに苦労している財政課も消極的です。また、技術職員の人手不足も課題です。

　そこで、技術職員が、ハコモノに常駐する職員を対象とした研修会を開き、日常点検のための知識やコツを伝授している自治体もあります。また、中規模の自治体が、定年後再任用職員の活用策として、近隣の小規模の自治体から公共施設の点検を人件費だけで請け負い、技術職員を派遣しているという事例もあります。経験豊富なベテラン職員による点検は、好評を得ているようなので、参考にしてください。

▶▶ 先立つものの準備も忘れずに

　計画的な維持補修や改修を進めていくためには、財源の確保も重要な要素となります。予防保全計画を策定する際には、財源も同時に計画してください。しかし、一部のハコモノでは、工事内容によっては、国や都道府県からの補助金はありますが、新築と比べれば、そのメニューは圧倒的に少なくなります。そこで、「足りない財源は、当てにならない一般財源を充てる」という内容では、計画が進まなくなることは明らかです。

　なぜなら、一般財源から回せるのであれば、今でも計画的な維持補修ができているはずです。扶助費、人件費、公債費など、ハコモノの改修よりも優先度が高い支出先が多い中で、計画ができたからといって、多くの一般財源をハコモノに振り向けるのは、ほとんどの自治体では至難の業です。

　そこで、予防保全計画のための財源は、ハコモノ自身で生み出すことをお勧めします。

　土地や建物の賃貸による使用料収入は、有力な財源です。ネーミングライツや広告の掲出により収入を得ることも可能です。また、老朽化対策を理由とした使用料の見直しも必要です。これらの収入を一般財源化してしまうのではなく、基金に積み立てるなどにより、計画的な維持補修のための財源としてください。

◎…ハコモノで収める

▶▶ 最難関を突破する

　ハコモノを持続可能なものにしていくためには、財源の確保も考えなければいけません。賃貸料を得ることについては、すでに触れています。また、ネーミングライツや広告収入については、テクニック的に難しいことはありません。さらには、歴史的価値のあるハコモノや子どもへの支援に関係する場合は、クラウドファンディングも期待できますが、これも同じです。

　そこで、ここでは、有力な財源として期待できるもののうち、最も難関となるのであろう使用料の見直しについて、いくつかのポイントを解説します。

▶▶ 利用者に何を負担してもらうか

　まず考えなければいけないのは、利用者に何を負担してもらうのかです。一般的には、ランニングコストに対して利用者の負担を求めますが、ランニングコストと一口にいっても、いろいろなものが含まれています。

　たとえば、公民館の人件費です。その公民館では、連絡所の業務も行っている、あるいは、公民館職員は、自主事業を行っているとします。この公民館の人件費すべてを、部屋を借りてサークル活動を行っているような利用者の負担に転嫁することは、不適切となります。

　コストの精査は、手間のかかる作業ではありますが、利用者にも納得してもらえる使用料制度とするためには、必要不可欠です。

　また、もう1つ目を向けなければならないことがあります。それは、

見えないコストともいわれる「減価償却費」です。

　一般会計や特別会計のような官庁会計では、支出として処理されないため、コストとして捉える習慣がありませんが、公営企業会計では、減価償却費をコストとして捉え、支出の処理をします。すなわち、減価償却費も使用料が負担する対象となっているということです。

　この減価償却費を含めたコストは、フルコストとも呼ばれていますが、ハコモノの使用料を定めるにあたって、このフルコストを採用している自治体は、まだ多くはありません。

　しかし、近年における使用料の見直しの理由として、多くの自治体で老朽化対策を掲げています。この老朽化対策に必要な費用としては、工事請負費が挙げられますが、各年度の執行額は、差異が大きくなります。また、そもそも予算不足の中、必要な工事が十分に行われているとも限りません。利用者負担の算定根拠とするコストに含めると、老朽化対策に対する適切な負担として反映されにくくなります。そこで、この工事請負費に代わって、コストに含めるのが減価償却費という考え方です。

　A公民館のa会議室における1時間あたりのコスト算定式について、**図表69**に例示しました。フルコストを利用可能時間の50％で除しているのは、年間を通じてすべての時間が利用されることは、ありえないからです。ありえない数字を使っていては、適切なコストとはいえません。民間の貸しビルでは、50％利用された場合に採算が取れることを前提に、使用料を設定していることを参考にしています。

図表69　A公民館a会議室のコスト算定式

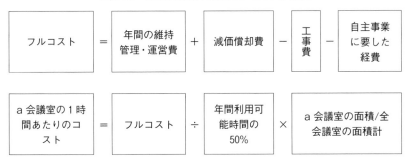

▶▶ どのハコモノの負担を求めるのか

次に、**図表69**で計算したａ会議室の１時間あたりのコストについて、その何％を利用者に負担してもらうのかを考えてみます。

すでに有料になっているハコモノは、**図表70**に示すようなマトリクス図で利用者の負担割合を整理した自治体が多いと思います。

この方法は、頭の中でも整理しやすく、また、住民へもわかりやすく説明することができます。しかし、公益性や必需性は、客観的な数値で表せません。どのエリアにどのハコモノを分類するのかは、それぞれの自治体の判断になります。

図表70　利用者負担割合のマトリクス図の例

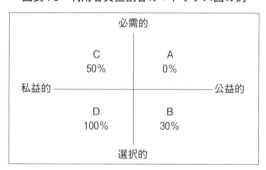

経済成長が続く時代は、ほとんどのハコモノがＡに分類され、有料のハコモノは、ほとんどありませんでした。バブル崩壊後、行革の取組みが進められる中で、Ｂ、Ｃ、Ｄへの仕分けが始まりましたが、それでも、いまだにＡに分類されているハコモノは、決して少なくはありません。

しかし、税収が大きく増えるような見込みも立たない現状では、Ａに分類されるハコモノは、極めて限定的にならざるを得ません。極論ですが、憲法で無償とされている義務教育施設と、図書館法で有料とすることが禁じられている図書館だけをＡに分類することにも妥当性があります。

また、Ｂに分類されるハコモノとしては、公民館、体育館、市民ホールなど、民間施設では、採算をとることが難しいであろうハコモノが挙

げられます。

　そして、C、Dに分類されるハコモノは、民間が同様のサービスを提供できるかどうかが判断の物差しとなります。

　たとえば、駐車場や駐輪場です。路上駐車対策や放置自転車対策という公益性はありますが、同様のサービスを民間が行い、採算をとることができる自治体では、Dに分類し100％負担とすることが妥当です。採算をとることが難しい自治体でも、Cに分類すべきでしょう。また、温浴施設のようなハコモノも、住民の健康増進という公益性をうたうことはできますが、同様に考えるべきハコモノです。

▶▶ 利用者の負担割合をいくつにするか

　図表70の負担割合は、あくまでも例示です。法律等に決まりはないので、各自治体の判断に委ねられ、その負担割合をどれくらいにするのかは、重要な問題となります。

　たとえば、上下水道という公共施設には、きわめて高い公益性があり、また多くの住民がその恩恵を受けています。にもかかわらず、その使用の対価は、原則として100％使用者負担です。このことと比較すれば、住民の利用頻度に差があるハコモノが、きわめて低い利用者負担である理由はありません。

　しかしながら、実務的には、急激な値上げや、高い負担割合での有料化は、利用者の反発も大きく、難しいと思います。現在の料金体系、早くから有料化が進んでいたスポーツ施設とのバランスなどを加味しながら、最終決定することになります。

　ただし、今、ハコモノの更新よりも先に、老朽化対策を進めなければいけない時期に来ています。その財源を生み出すためにも、公益性と必需性を極めて限定的に解釈し、できるだけ多くのハコモノを、より高い負担割合になるように努力を続けてください。結果としてそのことは、公共施設の大切な役割を、良好な状態で残していくことにつながっていきます。

粗食のグルメ Season 2

〈魚介部門〉

① カツオのたたき（2016年5月：高知市）

　　居酒屋の集まったフードコートみたいな「ひろめ市場」で食べた、わら焼きカツオの塩たたき。高知の人は、美味しいところはすべて自分たちで食べてしまい、他の場所には流通させていないのかもしれません。

② さめたれ（2016年11月：三重県伊勢市）

　　さめの干物ですが、臭みもなく、お酒のあてにぴったりの珍味。食べた小料理屋の女将いわく、伊勢には、さめたれとうどんくらいしか美味しいものはないとのことでしたが、本当でしょうか。

③ はらかわ（2017年5月：鹿児島県霧島市）

　　鰹節を作るときに切り落とす腹の部分を干したもの。弾力があって脂ものっています。酢をつけて食べますが、ご飯のお供にも、酒のあてにもぴったりの一品です。お酒はもちろん、芋焼酎で。

〈ごはん部門〉

① 豚丼（2014年1月：北海道帯広市）

　　上に載っている豚の炭火焼がとにかくうまい。やわらかくジューシーで、それでいてさっぱりしています。小食の私が2倍盛りの肉をぺろりと平らげてしまいました。

② つや姫の新米（2018年10月：山形県庄内町）

　　地方のまちはどこに行っても、ビジネスホテルの朝食でさえお米が美味しいと感じます。その中で、新米の季節にどんぴしゃりで食べたのが、このお米。地元産の新米を、地元のお水で炊いたご飯は、最高の味でした。帰宅後は、新米を目当てにすぐにふるさと納税をしたほどです。

　　いかがだったでしょうか、粗食のグルメ。他にもいろいろ紹介したいものはありますが、うまいものを見つけるコツは、やっぱり普段から食べ過ぎないことでしょうか。

第 **7** 章

公民連携は
必須アイテム

ハコモノを持続可能なものにすることは、今までよりも高いサービスを低い負担で実現させることでもあります。しかし、税収も職員も減り続ける自治体がサービス提供の主体となる運営方法には、限界が近づきつつあります。そこで、近年「公民連携手法」が活発に採用されていますので、ここでは、その基本について解説します。

7|1 ◎…なぜ公民連携 なのか

▶▶ 公民連携とは

　「公民連携（PPP：Public-Private Partnership）」とは、「公（Public）」と「民（Private）」が役割を分担し、協力し合いながら、社会資本の整備や公共サービスの充実・向上を図ることを実現する概念・手法の総称です。公共サービスの提供主体が市場の中で競争していく仕組みに転換し、最も効率よく質の高い公共サービスを提供することを目指しています。

　近年多くの自治体で、ハコモノなどの整備に用いられている「PFI（Private-Finance-Initiative）手法」は、公共事業を実施するための公民連携手法の1つです。

▶▶ 行革の限界が生む公民連携

　戦後、国が求める定型的な事務でスタートした自治事務ですが、その後の人口増加と高度経済成長を背景に、税収は増加を続ける中、自治体の事務は、拡大を続けてきました。そして、バブルが崩壊し、財政状況は悪化しますが、拡大したサービスを縮小するのではなく、無駄を排除して維持するための行財政運営の改革が行われました。

　いわゆる「行革」と呼ばれるこの取組みは、業務委託や職員削減、入札制度の見直しになどによる「コストカット」と、受益者負担制度の強化・導入による「収入増」を主な柱としてきました。

　しかし、バブル崩壊後の失われた20年を経てもなお景気は回復せず、職員と予算は減り続けました。現状のサービス水準を維持したままでは、

これ以上の「コストカット」を行おうとしても、その効果は十分に得られないようになりました。さらには、扶助費をはじめとする社会保障の負担も年々増え続けています。行革によるサービス水準の維持に限界が見えてきた中で、「集中と選択」「事業仕分け」「外部評価」などを拠り所とした「サービスカット」の性格が行革に加わり始めました。

　しかし、多くの行政サービスに住民が慣れ親しんでいる中で、単に「サービスカット」を行えば、住民の反対や行政運営に対する不満が生まれます。そこで、今までよりも低い負担でサービスを維持するために、市場の経済性を活かす公民連携手法が、より積極的に使われる時代が始まりました。

　非効率であろうと、不採算であろうと、税金がすべてを支えてしまっていては、「民」が力を発揮する場はありません。税金ですべてを支えることがかなわなくなったとき、そこにはマーケットが生まれ、「民」の知恵と力が最大限に活かされる場となります。

　今後、公民連携を進められる分野は大きく広がり、高齢化と人口減少が続く中で、住民サービスの維持・向上に、大きな役割を果たしていくものと考えられます。

▶▶ 行政システムは、経営には不向き

　公民連携によりサービスが維持できるようになる理由は、「民」には、「公」にはない経営感覚があるからです。

　三重県内の第三セクターが運営していた公共温泉を買い取り、赤字から黒字に転換させた会社があります。まさに、これも民営化によりハコモノの機能を維持した公民連携手法の1つです。この会社の社長の言葉を聞く機会がありましたので、紹介します。

　「公務員の発想は、商売には向かない。まず、入浴料は適正かどうかを考えるが、私は、入浴料なんかどうでもいい。どうやったら、施設の中で気持ちよくお金を使ってもらうかを考える」

　「公務員は、利用者や地域住民からのクレームや要望があると、何でも聞き入れようとするが、できることとできないことをはっきりさせな

ければ、経営はできない」

　公務員を批判しているわけではありません。今の行政システムの中で
は、当たり前のことであり、間違ったことをしているわけでもありませ
ん。だからこそ、「経営感覚」を持つ民間との連携を進め、経済性を発
揮させるべきであり、ここのところに公民連携の一番の意義があります。

▶▶ 公民連携は難しくない

　「公民連携を難しい」と感じる人は、民間企業と連携し、何十億円と
いう事業費を投じる PFI 事業のフローのようなものが、頭の中に浮か
んでいるのかもしれません。たしかにそういった事業もあります。

　しかし、たとえば、福祉の分野では、保育所や老人ホームなどは、早
くから「公」に代わって社会福祉法人がその役割を担ってきました。戦
後の混乱期に、行政では行き届かなかった弱者に対するサービスを、社
会福祉法人が担ってきたという歴史は、行政が担えなくなった部分を担
うという点において、現代における公民連携の必要性と一致します。

　また、「民」は、住民の民でもあります。地域の活動やボランティア
活動などにより支えられているサービスも、公民連携といえますが、こ
れもごく自然に、当たり前のように社会の中で行われてきました。

　これらの当たり前のように行われてきた公民連携は、そのように呼ば
れてこなかったことから、現代において公民連携という言葉を使うと、
何か特別なことのようなイメージを持たれてしまうのかもしれません。
あまり難しく考えずに、肩の力を抜いて取り組んでいきましょう。

▶▶ 公民連携は優先的に検討を

　2015 年 12 月、内閣府及び総務省から全自治体に対し、「多様な PPP/
PFI 手法導入を優先的に検討するための内部規程を定めること」が要請
されました。

　その内容は、費用が 10 億円以上となる公共施設整備や、費用が年額
1 億円以上となる公共施設の管理運営について、「PPP/PFI 手法を優先

的に検討することをその自治体のルールとするために、規程として定める」ことを求めるものです。人口20万人以上の自治体では、2016年度末までの策定を求められ、それ以外の自治体については、必要に応じて同様の取組みを行うこととされています。

　2018年3月末現在、内閣府の公表によれば、人口20万人以上の自治体の79.6％が規程を策定済みであり、策定予定を含めると、99.4％が規程を策定することになります。これに対して、人口20万人未満の自治体では、同時点で策定済みはわずか2.0％、予定を含めても19.3％にしかなりません。

　しかし、今後、さまざまな分野で取り入れられていくのであろう公民連携事業に対応するために、組織として持たなければならない能力は、人口が20万人に満たないとしても、万単位の自治体になれば、人口20万人以上の自治体とそれほど大きな差はありません。

　また、10億円以上の整備費、1億円以上の管理運営費というのは、必ずしも地元企業が請け負えない規模ではありません。単独では難しくても、共同企業体により請け負うという例もあります。

　したがって、20万人以上の自治体が積極的にPPP/PFI手法を導入していくこととなれば、その自治体の区域内にある公共事業やハコモノの管理運営を担っている企業は、PPP/PFI手法への対応能力を高めていきます。これに対して、規程を作らない20万人未満の多くの自治体では、区域内の企業は対応力を高める機会を得られず、これから増えていくPPP/PFI手法による公共事業に、積極的に参加しにくくなってしまいます。

　職員や地域企業の能力向上と地域経済に好循環をもたらすために、人口20万人未満の自治体であっても、PPP/PFI手法の優先検討の規程を設け、今まで以上により積極的に、PPP/PFI手法の導入を進めていくことを検討する必要があります。

7/2 ◎…公民連携事業と従来型公共事業の違い

▶▶ 発注方法は仕様か性能か

まず、公民連携事業と従来型公共事業の最大の違いは、その発注方法にあります。

従来型公共事業は、仕様発注と呼ばれます。ハコモノの建設を例にすると、自治体が設計書と設計図面を用意し、事業者は、その内容のとおりのハコモノを建設します。

これに対して公民連携事業は、性能発注と呼ばれる方法です。

後者の性能発注は、自治体では詳細な設計書や図面は示しません。自治体は、ハコモノに求める性能や事業費などを、文書で表した要求水準を示します。そして事業者は、事業費内で性能を満たすハコモノを建設することになります。簡略的に示すと**図表71**のようになります。

実際には、もっと詳細なものになり、大きな事業では数10ページにわたります。いずれにしても、設計図書にトイレの流しの蛇口の数と位置まで明記するような仕様発注とは大きく異なります。なおこのことは、ハコモノの建設のみならず、管理運営業務の委託であっても同じです。

▶▶ 発注内容は積み上げか逆算か

仕様発注は、積み上げ方式です。自治体が計画した規模と内容のハコモノ建設に必要な材料の数量をすべて拾い上げ、そこに単価を乗じて合計したものが事業費となります。

これに対して、性能発注は、逆算方式です。提示された事業費から逆算して、要求水準を満たすハコモノの仕様を決めていきます。なお、こ

の要求水準は、事前に民間との対話を行ったり、民間から提案を受けたりすることにより、自治体が作った案をベースに修正を行っていくことが一般的です。このことにより、民間側の知恵と発想が活かされ、より経済性を発揮することが可能となります。

図表71 要求水準の簡略的例示

1 本書の目的 ・・・・・
2 事業の目的 ・・・・・
3 事業の期間 ○年○月から○月まで
4 施設の内容

項目	要求水準
所在地	○○市○○町
敷地面積	1,000 m^2
用途地域	第一種住居地域　建ぺい率60%　容積率200%
構造	鉄筋コンクリート造2階建
延べ床面積	500 m^2 程度
諸室構成	1階　会議室2×50 m^2 程度　事務室1×25㎡程度 　　　男女トイレ各1　湯沸し室1 2階　多目的室1×100 m^2 程度、倉庫1、男女トイレ各1
その他	エレベーター1基設置
事業費	1億5千万円（税抜き）以内

5 設計の基本的事項
　(1) 建物 ・・・・・
　(2) 設備 ・・・・・
　(3) 外構 ・・・・・

▶▶ 逆算の発想を取り入れよう

　逆算の発想は、これからの行政運営において大いに学ぶべき手法です。
　従来、ハコモノには行政目的があることから、建設や維持管理・運営費用に対して税の負担がある、すなわち赤字になることが当たり前であ

り、採算という視点はありませんでした。

　しかし、これからの自治体は、公民連携事業に限らず、できるだけ税の負担を低くしながら、高いサービスを実現していかなければなりません。税収も減少していく中で、「これだけかかる」という積み上げ式の発想をしていれば、多くの事業の実現は難しくなります。「ここまでしかかけることはできない」という制約の中で、いかにサービスを実現させるかという逆算式の発想をすることにより、多くのサービスが実現できるはずです。

　この逆算の発想で整備されている有名な施設として、岩手県紫波町のオガールプラザがあります。図書館などの整備が従来型の公共事業で整備するよりも低い税の負担で実現していますので、参考にしてください。

▶▶ 民との関係は上意下達か対等か

　従来型の公共事業は、自治体が発注した内容のとおりに完成させることが求められました。民間企業の提案や発想で、内容が変更されることはありません。また、発注前に自治体と特定の業者が接触することはありません。ある意味、上意下達的な形式となります。

　これに対して、公民連携事業は、民間企業のアイデアや提案を活かしながら、完成を目指します。そのためには、自治体と民間企業は、対等な関係でなければなりません。公民連携事業がPPP（Public-Private-Partnership）と称されるゆえんです。

　また、受注能力のある民間企業との事前接触も、正式な形で行われます。その分、自治体側には、より高い倫理性と規範性が求められることになります。

　この2つの事業の本質を的確に表している言葉を紹介します。

　まず、従来型公共事業に対する長野県内の建設会社の社長のコメントです。

　「公共事業には、『ありがとう』がない。仕事を出す側も請ける側も、それが当たり前だと思っている。」

　次に、公民連携事業に対する三重県松阪市の前市長の言葉です。

「公民連携は、正々堂々とみんなの前でやる明るい癒着。影でこそこそやるのは、暗い癒着。」

この2つの言葉は、従来型公共事業では、公共施設を作ることが目的化してしまっていることや、公民連携事業との最大の相違点を端的に表現しています。

▶▶ 公民連携は行政の責任か無責任か?

公共事業の内容は、自治体が責任を持って考えるべきであって、公民連携は、「自治体の責任放棄」「職員の手抜き」のように言う人がいますが、これは、大きな間違いです。

民間企業からの提案は、自己の利益のみを優先する内容など、必ずしも、自治体や住民にとってよい提案であるとは限りません。また、すべてを言いなり通りにしてよいものでもありません。

民間企業との対等な関係をつくりながら、ともに知恵を出し合い事業を進めていくためには、今までよりも高い職員の資質が求められます。この点において、公民連携を積極的に進めようとする自治体には、大きな責任が加わることになります。

7｜3 ◎…公民連携の手順

▶▶ 早め早めに動くべし

　公民連携事業を進めるにあたっての一般的な事務処理の流れについて、**図表72**に示しました。ハコモノを建設する場合を例にしていますが、委託などでも基本的には同じです。また、事業内容によっては、省略できるプロセスもあります。なお、PFI事業の場合は、法律等に基づくプロセスがありますので、そちらを確認してください。

　全体的に注意すべき点は、事業のスタートから終了までに、従来型公共事業よりも、多くの時間を要するということです。

　従来型公共事業とは異なり、公民連携事業では、事業化までに民間事業者との間で多くのプロセスを踏む必要があります。したがって、1~2年程度早めにスタートを切る必要があります。

▶▶ ①市場調査

　最初に取りかかるのは市場調査です。これは導入可能性調査と呼ばれる場合もありますが、公民連携事業に慣れていない自治体では、守秘義務を負ったコンサルティング会社などへ委託して実施することが無難です。

　その理由は、事業化の正式なプロセスに入る前に、特定の事業者と接触することは、事業の公平性を害することになる恐れがあるからです。公民連携事業は、プロポーザルを経るものの、最終的には一者特命の随意契約です。透明性と公平性の確保には、細心の注意が必要になります。

図表72　公民連携事業の一般的なフロー

実施事項	内　　　容
① 市場調査	民の採算見込み、参画意向などを調査
② 情報公開	詳細情報をホームページなどで公開
③ 対話と提案募集	要求水準案の精査、改定
④ リスク分担	対話を通じて検討。公民連携事業では特に重視
⑤ 事業者公募	要求水準案や選定要領を公表
⑥ 選定	プロポーザル方式による選定
⑦ 設計内容協議	提案内容の詳細を確認し、最終の仕様を決定
⑧ 契約	この事業に限った内容での契約
⑨ 事業化	工事の実施、完成、事業開始
⑩ モニタリング	定期的に要求水準を満たしているかを審査
⑪ 改善・継続	業務委託料や施設使用料の改定

　また、従来型公共事業とした場合にかかる費用に対して、公民連携事業としたことにより節約することのできる費用をVFM（Value For Money）効果といいます。市場調査の時点で、このVFM効果の見込みも確認しておくのが効率的です。

　なお、VFM効果が認められなければ、市場調査も意味がありません。「PPP/PFI手法導入優先的検討規程策定の手引」（平成28年3月　内閣

府民間資金等活用事業推進室）では、PPP/PFI手法簡易定量評価調書及び簡易な検討の計算表を示しています。これを用いれば、職員が計算することもできますので、市場調査の前に試算しておくこともお勧めします。

▶▶▶②情報公開

市場調査により、事業化の可能性が認められた事業について、民間企業に対し、対話への参加や、提案を募集するための情報を公開します。

ただし、最近では、提案を求める自治体が多くなっていることから、民間企業に提案疲れが見えています。無駄なコストをかけさせないようにして、より多くの企業の参加を促しましょう。また、対話や提案募集を有意義なものにするためには、方針や目的の内容は、単に「賑わいを生みたい」というような、抽象的で曖昧なものではなく、具体的で、自治体の目指すものが明確になるようにしてください。

また、民間企業が採算を判断したり、より多くの住民に喜ばれるハコモノとするための提案を行ったりするには、民間企業に求められる水準を満たすデータが必要です。この段階では示せない場合でも、後には必ず求められます。

たとえば、既存の類似施設の利用者のデータを求められたとします。多くの自治体では、年間利用者の合計程度のデータを公表しますが、これでは、不足です。月別、曜日別、時間帯別、男女別など、日ごろから詳細なデータを集計しておく習慣を身に付けておく必要があります。

▶▶▶③対話と提案募集

ここで最も注意すべき点は、参加機会の公平性確保です。公募プロポーザル方式は、一者特命の随意契約です。事業者の決定後に、議会や住民から事業者の選定過程を問われるケースも少なくありません。特に地元企業に対しては、対話や提案募集の実施について、手厚く告知しておくことが、後のクレームの防止にもつながります。

また、提案内容には、企業秘密となる内容が含まれている場合もあります。取扱いには細心の注意を払う必要があります。守秘義務を遵守することを明らかにしたうえで、募集してください。

そして、事業にとって効果的とみられる提案に対しては、提案した企業に対するインセンティブを検討してください。提案にはコストがかかっているので、それに報いることも必要です。ただし、過度なインセンティブは、競争性を失わせますので、注意が必要です。

なお、提案や対話に参加した企業名を公表することによって、インセンティブと同様の効果が生じるケースもあります。

▶▶▶ ④リスク分担

公民連携事業においては、それぞれの事業ごとに自治体が負うリスクと民間企業が負うリスクを決める必要があります。

この内容は、対話を通じて固めますが、リスク分担の内容を嫌って事業者が集まらないような場合は、要求水準案を公表し、事業者の募集を開始した後であっても、修正する必要があります。

▶▶▶ ⑤事業者公募

このプロセスでは、要求水準案や事業者の選定要領を公表しますが、最終版ではありません。特に要求水準案は、事業内容が微に入り細に入り記載されているものではありません。募集期間中に内容に対する質問を受け付け、それに対する回答を公表しますが、疑義が生じやすい場合などは内容の修正を行い、最終の要求水準へと仕上げていきます。

仕様発注になれた公務員には、後から修正を加えることがいい加減に見えるかもしれませんが、上意下達的な仕様発注とは異なり、公民連携事業は、民間事業者と対等の関係で、ともにつくり上げていくものです。

選定要領で注意を払う点は、審査項目の配点にメリハリをつけることです。このことにより、民間企業側に事業に対する自治体の期待を黙示することになり、よりよい提案につなげていくことができます。

また、大型事業以外は、プロポーザルへの参加企業が少なくなっている傾向があります。参加が一者だけであった場合の取扱いも、この時点で明記しておく必要があります。

▶▶▶ ⑥選定

選定委員会には、第三者である外部の識者をできるだけ入れてください。このことは、評価の透明性や客観性を確保することにつながります。

評価の方法としては、絶対評価と相対評価があります。

前者は、たとえば10点満点中A社は9点、B社は8点というように評価します。他の提案内容に左右されることなく評価できる一方で、デメリットは、評価の基準が不明確になり、評価する人によっては、9点であったり6点であったりと、ばらつきが大きくなる可能性があることです。また、恣意的に大きな差を付けてしまうことも可能になるということも挙げられます。

また後者は、たとえばこの項目はA社の内容が一番優れているので2点、次はC社なので1点、最後のB社は0点というように機械的に配点します。この方法は、評価者によるばらつきは少なくなりますが、参加者が少ない場合、点数に差が付きにくくなるというデメリットがあります。

両者のメリット、デメリットをよく比較検討したうえで、最終の評価方法を判断してください。また、評価結果は、必ず公表するとともに、選定された企業以外の企業名は、出来れば伏せてあげてください。その自治体におけるその案件での評価が低かっただけであり、その会社の評価が低いわけではありません。インターネットで情報が拡散する社会なので、こうした配慮も必要です。

▶▶▶ ⑦設計内容協議

事業者が選定されれば、いよいよ詳細の協議に入ります。プロポーザルで提案されたのは、あくまでも概要です。実際の事業化にあたっては、

要求水準を満たすことを確認しながら、設計内容を一つひとつ詰めていく必要があります。手間のかかる作業になりますが、後のトラブル防止のためにもしっかりと取り組まなければなりません。

▶▶▶ ⑧契約

いよいよ契約となりますが、仕様発注で用いている定型の約款は使えません。事前に決めたリスク分担や要求水準に従い、その事業オリジナルの約款を作る必要があります。大きな事業の場合は、自治体と民間企業がともに弁護士を立て、弁護士同士で調整する場合もあります。

なお、事業の規模によっては、契約前に議会の議決が必要になる場合もありますので、再確認しておいてください。

▶▶▶ ⑨事業化

着工から完成に至るまでの間は、工事の現場監督もすべて民間企業側が行うことになります。随時、履行状況が要求水準や設計内容に沿っているかの確認を行う必要があります。またこのことは、あらかじめ要求水準などにも定めておく必要があります。

▶▶▶ ⑩モニタリング・⑪改善・継続

ハコモノ完成後の維持管理・運営も民間企業に任せている場合には、運営内容等について、定期的に要求水準に沿ったものであるかどうかの確認を行うモニタリングを実施します。利用者数などの指標によって、金銭的なインセンティブを付与することを定めている場合は、この場で確認を行います。

モニタリングの結果、業務内容に改善を求めたり、業務継続を求めたりします。なお、改善は、自治体側が行わなければならない場合もあります。たとえば、電気料金の値上げに伴う委託料の増額などです。リスク分担をよく確認しながら対応してください。

7|4 ◎…公民連携を成功に導くコツ

▶▶ お上の意識を捨てるべし

　公民連携事業は、民間企業と対等な関係で進めていくものです。しかし、許認可に慣れた自治体職員は、ついついお上の意識ともいえるような発想をしてしまいがちです。

　たとえば、自治体が土地や建物を貸す公民連携事業の場合です。民間が自治体の土地を使用することは、目的外使用許可制度が主でした。読んで字のごとく許可制度です。本来賃貸は、対等な関係で行うことです。それにもかかわらず、「市民共有の財産である大事な土地を、特別に使うことを認めるのだから」というような視点で、自治体はさまざまな条件を付けたがります。

　特別に使うことを認めるのではありません。住民の税負担を抑えながらサービスを実現するために、「使っていただく」のです。特に採算が重視される公民連携事業においては、行政側が条件を付ければ付けるほど、採算性が低くなり、実現が難しくなります。

　これは実際の事例です。2007 年 12 月、秦野市が全国で初めて庁舎の敷地内にコンビニエンスストアを建設しましたが、2 例目である愛媛県新居浜市が実現させたのは、2014 年 12 月です。7 年もの間が空きましたが、その間にもチャレンジした自治体がいくつかあります。しかし、すべて失敗したその理由は、「庁舎の敷地内だからタバコやお酒の販売は禁止」というような条件を付けたためです。これでは、民間企業にとて大切な収益性は大きく下がってしまいます。

　秦野市役所の敷地内にあるコンビニエンスストアでは、お酒もタバコも販売しています。秦野市が出店条件の中で禁止した事項は、「前面の

道路から見たとき、庁舎の玄関のひさしを遮るように店舗を建設してはならない」という1点だけです。

　対等な立場で相手のことを最大限に尊重することが、公民連携事業を成功させるのです。

▶▶ Win-Win の関係を築くべし

　公共の財産を利用して、特定の企業が収益を上げることについて、疑問視するような意見を聞くことがあります。このことに関しては、その企業の選定過程が透明で、公平なものであり、自治体に対して十分な対価が支払われていれば、問題はありません。

　また、民間企業の収益が大きければ大きいほど、自治体に支払われる対価も大きいものとなります。この対価は、税収不足を補う金銭だけではなく、行政サービスに代わるサービスに形を変え、住民に還元されることもあります。

　したがって、自治体と民間企業のどちらにとっても、公民連携事業としたことによる最大限の効果を得られるような、Win-Win の関係となる事業スキームをつくり上げることが大切です。

　そのためには、2つのことを心がけてください。

　1つ目は、自治体職員は、行政のプロであってもマーケットのことは素人です。法の解釈や行政手続きなどの得意な分野で存分に知恵を出し、専門外の分野であるマーケットのことへの過剰な口出しは禁物です。

　そして、2つ目は、自治体の本気度を上げる必要があることです。公共施設の中に新たに商業施設を開設させるなど、1つの公民連携事業がその後のマーケットの拡大につながるような場合、民間企業は、より本気になって取り組んできます。自治体もその本気に応えられれば、よりよい事業へとつなげていくことができます。

▶▶ 丸投げをやめるべし

　公民連携事業は、民間企業とともにつくり上げていくものであって、

民間企業にすべてを任せるものではありません。最近は、公民連携事業が打ち出の小槌であるかのように思われ、民間企業に対し、「とにかく何か考えて作って」というようなアプローチをする自治体も見受けられます。しかし、これでは、出来上がったハコモノは、金太郎飴になってしまい、VFM効果も最大になっている保障はありません。このようであっては「公民連携事業です」と、胸を張って言うことはできません。

また、公民連携事業が活発化するにつれ、目を引くような成功事例が多く生まれています。しかし、それらの事例をそっくり真似したとしてもうまくいくとは限りません。なぜなら、そのハコモノは、その自治体とその民間企業が、そのまちの特性に合わせて作り上げた、唯一無二のハコモノであるからです。

公民連携事業で民間企業に最大限の知恵と力を発揮してもらうためには、まず、自治体側にしっかりと目指すべき姿が描かれていなければなりません。

▶▶ 既成概念を捨てるべし

公民連携事業は、建設や運営の主体、完成した公共施設の所有権、土地の使用権原など、さまざまな要素の組み合わせによって成り立ちます。大胆で、斬新な発想の公民連携事業を生み出すこともできるはずですが、ここで一番の障害となるのは、自治体の持つ既成概念です。

この従来型公共事業を通して、長い年月をかけて培われた既成概念は、なかなか頑固で、容易に拭い去ることはできません。しかし、そのままでは、せっかくの可能性を捨てることにもなってしまいます。

まずは、発想を白紙に戻してみてください。本書で解説している土地や建物の活用に関して、最低限注意を払うべき、地方自治法等の規定に気をつけながら、さまざまな可能性を思い描いて、いくつかのプランを作ってみてください。

そのプランが民間企業の参画意欲をそそるものであるのか、採算性が見込めるのかを判断するためには、対話などを通じて民間企業の力を借りる必要がありますが、自治体の既成概念に縛られたプランではなく、

既成概念にとらわれないで描いたプランは、きっと民間企業にも魅力あるものに映るはずです。そして、民間企業は、その実現に向けて大きな力となってくれるはずです。

▶▶ 習うよりも慣れるべし

　この章を読んで、公民連携事業は面倒くさいなと思う方もいるかもしれません。しかし、公民連携事業には、他の仕事にはない面白さもあります。また、関わった職員は、民間企業の仕事の進め方や着眼点など、自治体にいては接する機会のない多くのことを学ぶことができます。勇気を持ってチャレンジしてください。

　とはいえ、公民連携事業は多種多様です。それぞれにマニュアルが存在するわけでもありません。

　まず、PFI 事業の場合は、**図表 72** に示した①市場調査から⑧契約までに至る一連の事務を支援する業務について、コンサルティング会社に委託することが一般的です。また、PFI 事業ではない場合でも、10 億円単位の事業費であれば、その費用まで含めて VFM 効果を生み出すことができると思われるので、同様に委託するほうが無難です。

　それらの事業を除く中・小規模の事業こそ、その進め方は、各自治体の腕の見せ所です。まずは、小さな事業から手がけて、公民連携事業のコツをつかんでください。そして、次はもっと大きなものへと手を広げていきましょう。何も恐れることはありません。誰もしたことのない仕事には、最初から正解も不正解も存在しませんから。

　また、公民連携事業のノウハウは、公共施設マネジメント担当だけが持てばいいものではありません。まずは先陣を切って、そこで得たノウハウは、庁内で共有するようにすれば、激動の時代を勝ち抜くことができる自治体へと変わっていくことができるはずです。

COLUMN・7

ハコモノらしからぬハコモノたち

　ハコモノという言葉は、今は建築物である公共施設の呼び名として一般的に用いられますが、もともとは、外見ばかり立派で中身が伴わないということを揶揄する意味合いで使われ始めました。今でも、そうしたハコモノが多いことは事実かもしれません。しかし、今まで多くのハコモノに出合いましたが、中には立派に役割を果たすハコモノもあります。ここでは、そんなハコモノを4つ紹介します。

① 大和ミュージアム（2012年2月　広島県呉市）
　　なぜ、当時世界最高といわれた技術が満載された戦艦が、片道分だけの燃料を積んで出撃しなければならなくなったのか。そのことは、永遠に語り継がれていかなければならないと思います。

② 砂の博物館（2014年4月　鳥取県鳥取市）
　　普通の美術館は、同じ展示品を何度も見ることができます。しかし、ここの展示品である砂の彫刻は、一期一会です。展示期間が終わると壊され、また次のテーマに沿った彫刻が作成・展示されます。厳密な湿度や温度管理も必要ないことから、ハコも簡素な鉄骨造で、入場料で採算がとれているとも聞きました。アイデアに脱帽です。

③ カブトガニ博物館（2016年1月　岡山県笠岡市）
　　小さな博物館ですが、カブトガニの保護・繁殖に力を尽くし、絶滅の危機から救うという大役を果たしました。経営や人材が厳しいそうですが、国の手厚い支援が必要ではないでしょうか。

④ 郡上八幡博覧館（2014年10月　岐阜県郡上市）
　　何の変哲もないハコモノで、展示物もすぐに見終わります。それなのに、観光バスが次々とやってきます。その理由は、1日5回行われる郡上おどりの実演です。そこでは、踊りを教えてくれるお姉さまたちがとにかく楽しく、いつの間にか全員が踊りだしています。まさに、ハコではなく中身が大事と教えてくれるハコモノです。

第 8 章

ワンランク上を目指す
マネジメント術

公共施設マネジメントの取組みは、まだ始まったばかりという自治体も多いでしょう。まずは、軌道に乗せていくことが一番大切です。そこで、先進自治体の成功や失敗の事例から導いたヒントをもとに、応用編としてまとめました。少し余裕ができてきたら、ぜひ取り組んでみてください。

8 | 1 ◎…提案を実現する

▶▶ 最後に鍵を握るのは

どんなにすばらしい計画内容であっても、庁議などで認められるためには、庁内の合意形成が必要です。また、決定した計画に基づく事業を進めるにあたっては、予算の議決を得る必要があります。総論では賛成でも、皆が各論に賛成するとは限りません。提案実現の鍵を最後に握るのは、さまざまな利害関係者との合意形成になります。

▶▶ 庁内の合意形成ー敵は本能寺にありー

すでに公共施設マネジメントを進めている自治体の担当者であれば、誰もが庁内の合意形成が一番難しいと感じているはずです。その理由には、もちろん取組みの必要性が十分に理解されていないということもありますが、最大の理由は、役所という組織の性質にあります。

役所というのは、利害関係の異なる企業の集合体のような性質があります。「ハコモノを減らすことが市民福祉の向上につながる」という仕事をする職員と、「ハコモノを維持・充実させることが市民福祉の向上につながる」という仕事をする職員とで、意見がぶつからないわけはありません。それでも、民間企業のようにグループ全体での売上アップを目指すというような明確な目標があればいいのですが、役所の場合、「市民福祉の向上」という抽象的で理念的な目標しかありません。ハコモノを減らす、減らさないというどちらの主張も、理にかなったものとなります。

こうした事態を打開するために最も必要なことは、まず、公共施設更

新問題に対する危機感を庁内で共有することです。福祉行政論や教育行政論という教科書はいったん置いてもらい、公共施設マネジメント論という教科書を手にとってもらわなければなりません。そのためには、庁内への情報発信や、研修機会の充実に継続的に取り組んでください。

▶▶ 効果の高い庁内研修

　庁内研修の大切さは、1-3で解説しましたが、せっかくエネルギーを割いて実施するのであれば、できるだけ効果が高いものにする必要があります。

　そのためには、講師の選び方も大切です。もちろん、大学教授や民間のシンクタンクの研究員なども勉強になりますが、総論での話や、事例紹介になりがちで、特に公共施設マネジメントを担当していない受講者には、どこか他人事に聞こえてしまいがちです。

　また、「公共施設等総合管理計画」の策定を終え、個別施設計画の策定又は実行段階に移っている自治体であれば、一番聞きたいのは、各論や実践段階での苦労話のはずです。

　したがって、最も研修の効果を高める講師は、公共施設マネジメントを実践してきた自治体職員ということになります。

　公共施設マネジメントに精通した自治体職員を派遣する制度としては、一般財団法人地域総合整備財団（通称：ふるさと財団）の公民連携アドバイザー派遣事業や、国土交通省のPPPサポーター派遣事業があります。前者は、旅費等を財団が負担してくれますが、申し込みの時期や派遣件数に制約があります。後者は、件数の制約等はありませんが、旅費等は、各自治体の負担となりますので、参考にしてください。

▶▶ 庁内一番のプロであれ

　そして、公共施設マネジメントが進む自治体は、担当が庁内の信頼を得ているという特徴があります。

　公共施設更新問題に対する危機感が共有でき、ハコモノを減らすこと

に合意が得られたとしても、そのハコモノが持つ大切な役割がすべて失われてしまってもいいとは限りません。

そんなとき、「統廃合した後のことは、ハコモノの担当課に任せたよ」ではなく、役割を維持するためのアイデアを示すことができれば、自ずと公共施設マネジメント担当に対する庁内の信頼感も生まれるはずです。

セミナーなどには積極的に参加し、たくさんの事例などを勉強してください。また、そうしたセミナーに参加することによって、他の自治体職員との横のつながりも生まれます。マネジメント担当職員同士のネットワークを通じて得られるたくさんの情報を存分に活用してください。

▶▶議会との合意形成ーー蓮托生ー

自分が暮らす地域のハコモノがなくなるとなれば、地域の住民の票を得ている議員は、黙っているわけにはいきません。特に平成の大合併をした自治体では、旧自治体同士の利害が対立しがちです。

しかし、それでは、地域のエゴとエゴのぶつかり合いにしかなりません。せめて議員だけには納得してもらう必要があります。何度でも足を運び、機会を見ては説明に努めるのはもちろんです。また、常任委員会や会派の視察では、議会事務局に根回しし、公共施設マネジメントの先進自治体を選んでもらうことも、公共施設マネジメントの取組みに理解を深めてもらうためには有効です。

そして、せっかく理解を得て、応援団になってくれた議員がいたとしても、落選してしまえば元の木阿弥です。地域の住民への説明は、議員に最大限の協力を行いながら、ともに進めていきましょう。

議会も執行部も、市民の幸せを願う気持ちは同じです。車の両輪として協力しあわなければ、自治体の未来は暗いものとなります。議会と執行部の関係におけるルールは、自治体によりさまざまですが、いろいろな場面で危機感を共有できるような取組みを積極的に進めてください。

▶▶ 政争の具にしてはいけない

　この本を読んでくださる議員の方には、公共施設マネジメントの取組みを政争の具にだけはしないでほしいということをお願いしておきます。特に選挙の争点化した場合は、負ければ取組みが止まります。それが、「真に将来の住民の負担を減らしたい」とする取組みであった場合、その自治体の将来にとっては、大きなマイナスでしかありません。また、一生懸命取り組んできた職員たちの士気も大きく下がってしまいます。

　取組みの中身を大いに議論することは必要です。しかし、たいした理由もなく、住民の負担を減らす取組みを止めてしまうようなことだけは、絶対にしないでほしいと思います。

▶▶ データで示す

　庁内や議会と合意を形成したり、政争の具にしたりされないために、有効なことは、ハコモノを所管する課や議員が不安に思っていることを聴き取り、その不安を消してあげることができるデータを示すことです。

　たとえば、あるハコモノにAからCの3つの会議室があるとします。このうちの1つを夜間は一般に開放せずに、特定の目的に利用することを提案するとします。この提案に対して、ハコモノを所管する課や議員は、「今までの利用者が不便になる」「苦情が来る」ということを心配するはずです。その提案の有効性を説明するだけでは、この不安は消えません。

　そこで、各部屋の夜間の利用が、開館日数に対して何％なのかを示します。「Aは30％、Bは20％、Cは15％であった場合、3部屋が同時に夜間に使われるのは、30％×20％×15％となり、わずか0.9の確率です」と説明をすれば、不便になる、苦情が出るというような、いたずらな不安は消えるはずです。

　提案を実現するために有効な情報は、文章よりも表、表よりもグラフです。そして、そこにしっかりとしたデータとして示すことです。

8│2 ◎…住民を味方にする

▶▶ 住民との合意形成－呉越同舟－

　住民との合意形成は、一番難しそうですが、実は、一番早く公共施設マネジメントの取組みに理解を示すのは、住民です。ただし、それはきちんと説明できればという話です。きちんと説明をするということは、当たり前のようですが、これができていない自治体が多いようです。

　その理由は、公務員が自然と身に付けてしまったオブラートで包んだような説明方法にあります。断定的に言わずに、そうなる恐れがある、そうなる可能性が高いというような、持ってまわした説明の仕方をしたとします。それでは、今までも何とかなったのだから、これからも何とかなるだろうと、住民に公共施設更新問題に対する危機感は生まれません。

　人口が減り、高齢者が増えれば、自治体財政も大変なことになるということは、はっきりとではなくても、住民の皆さんにもわかっていることです。人口や財政がこの先どうなってしまうのかを、客観的なデータに基づき、はっきりと伝えれば、冷静に受け止めてもらえます。

　また、公務員の世界では、「数字は一人歩きする」という言葉がよく使われます。しかし、住民との合意形成にあたって大切になる客観的なデータに数字は付き物です。逆に、そうしたデータを示さずに話を進めれば、情報をコントロールしているかのような印象を与えかねません。客観的で透明な理解しやすい数字は、決して独り歩きはしませんし、合意形成のためには、大きな武器になるはずです。

▶▶ マスコミには誠実に対応する

　行政に関心のない住民はたくさんいます。そして、その中には多くの公共施設の利用者が含まれていますが、行政に関心がないので、広報もホームページも見ることはありません。こうした住民でも、日ごろ目にしているテレビや新聞で自分が住んでいる自治体の名前が出れば、必ずそこに目がいき、公共施設更新問題に理解を深めるきっかけとなります。

　マスコミは、自治体にとっていいニュースばかりを取り上げてくれるわけではないので、マスコミを苦手とする公務員は、決して少なくはありません。しかし、公共施設更新問題に真剣に向き合おうとする自治体を悪く言うマスコミはありません。マスコミの取材には、真摯に誠実に対応してください。

▶▶ ホームページを充実させる

　自治体の公共施設マネジメントの取組みに関するホームページを見ると、たった数行のハイパーリンクだけが掲載されているような自治体があります。

　日ごろ、自分が目にすることがある企業のホームページを思い出してみてください。きれいなわかりやすいホームページであった場合は、その企業に対する信頼度は上がり、逆に、充実していない企業に対しては、信頼度が下がり、何かを頼むにしても、不安が大きくなってしまうものです。

　これは、自治体のホームページであっても同じことです。住民が、公共施設更新問題に関心を持ち、何かの情報を得ようとしたとき、真っ先に見るものは、今やホームページです。そこで取組みに対する第一印象は決まります。住民を味方にし、取組みを進めやすくしていくためには、ホームページをおろそかにしてはいけません。

　また、異動してきたばかりの職員の方は、まだ何をしていいのかわからないというようなときは、ホームページを充実させることに取り組んでみたらどうでしょう。その作業を通じて、自分の自治体の公共施設マ

ネジメントのさまざまな情報も、自然と頭に入ってくるはずです。

▶▶ ワークショップでの反応が大勢の声とは限らない

　住民が公共施設更新問題に対する理解を深めるため、あるいは、具体的なハコモノの複合化を進めるためのプランを作るために、住民とのワークショップを採用する自治体も多いと思います。

　そのワークショップに参加した住民は、確実に理解を深め、また行政に参画した満足感を得ることになります。しかし、ワークショップの結果は、あくまでもその場に参加した住民の声の集約であり、大勢の住民の声を代弁しているとは限りません。

　特に具体的なプランをワークショップの結果で決めることは、責任の所在も曖昧になることから、そのプランはお蔵入りになるということもよく聞く話です。これでは、せっかく参加してくれた住民の皆さんの行政参画への意欲は薄れ、さらには行政運営に対する不満も生まれてしまいます。

　ワークショップでの具体的なプランづくりは、避けるか、あるいは、理解を深めるためであって、ワークショップ限りのものであることを前提とすることが無難です。

▶▶ アフターフォローも十分に行う

　特にハコモノの廃止に合意した地域に対しては、廃止後もしっかりとフォローを続ける必要があります。「廃止をしたら、後は知らない」では、「廃止に合意すると、大変な目にあうぞ」というような話が広まり、他の地域での取組みに悪影響を与えかねません。公共施設マネジメント担当だけではなく、全庁的な取組みでフォローを続けてください。

　また、職員に異動はつきものですが、特に地域の皆さんとの交渉などで中心的に関わった職員は、担当を離れた後も、できれば、地域のよき相談相手でいてあげてほしいと思います。そこまでの信頼関係を築くことができれば、また次の仕事でもお世話になる機会があるかもしれませ

ん。そのときには、あの職員さんが言うことならばと、地域の皆さんは、きっと力になってくれるはずです。

▶▶▶ 今から学生の関心も深める

公共施設更新問題への対応が佳境を迎える10～20年後、今よりももっと、公民連携の動きが活発になっているかもしれません。そのとき、自治体であっても、民間会社であっても、組織の中で中心的な役割を果たす働き盛りとなっているのは、今の高校生、大学生です。

今から、公共施設更新問題という社会問題と、対応策としての公民連携事業の有効性を、一般常識として知っておいてもらうことは大切なことです。もちろん専門知識として深めていってもかまいません。

そのためには、自治体の区域内にあったり、官学連携の提携を結んでいたりする大学には、積極的に出向き、講義や研究活動のお手伝いをしてください。また、逆にインターンシップとして、学生を受け入れることもできるはずです。

これらのことは、有権者教育としても大切なことであるとともに、公務員志望の学生への情報提供の機会にもなります。人材採用に悩む自治体では、その自治体に対する学生の関心を高めるきっかけとなり、将来の就職先の選択肢として加えてもらえる可能性を増やす機会ともなります。

8│3 ◎…まちをコンパクトにする

▶▶ なぜコンパクトシティなのか

　まちをコンパクトにするということは、一定のエリアの人口密度を高めていくことになります。人口密度が高い自治体では、住民一人あたりのハコモノ面積が少なくなります。これは、道路面積でも同じことです。コンパクト化を進め、人口密度を高めることは、行政運営の効率化や、行政コストの削減につながるということになります。

　また、公共施設更新問題への対策の1つとして、ハコモノの集約や複合化を進める必要があります。今まで分散していた公共施設の機能が集まるということは、都市の機能が集約されることになります。そして、そのエリアの周辺は、人が暮らしやすい場所となっていきます。

　公共施設マネジメントを担当した職員を、コンパクトシティ担当の部署に異動させる戦略的な人事を行う自治体もあるほど、公共施設更新問題対策としても関連が深い、コンパクトシティに触れておきます。

▶▶ 国土交通省が進めるコンパクトシティ

　国土交通省は、従来からまちのコンパクト化を進める政策を実施しています。かつては、駅周辺などへの一極集中型でしたが、現在の主流は、集約する場所を多極化して、その間を公共交通で結ぶコンパクト・プラス・ネットワーク化です。改正都市再生特別措置法により、立地適正化計画を策定した自治体は、コンパクト・プラス・ネットワークのまちづくりを進めるために、さまざまな支援を受けることができるようになりました。

この立地適正化計画では、計画対象となる立地適正化区域を定め、その中に住民の居住を促す居住誘導区域を、さらにその中に、生活に必要となる公共施設や民間施設を集約する都市機能誘導区域を定めます。そして、それぞれの都市機能誘導区域間を公共交通で結び、持続可能な都市経営を目指すものです。計画による各区域等の設定のイメージは、**図表 73** のとおりです。

図表 73　立地適正化計画による区域設定のイメージ

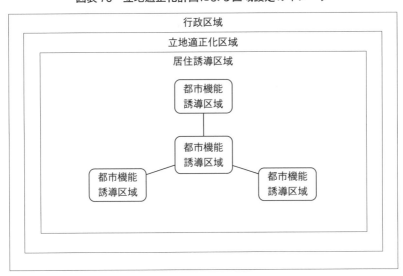

▶▶ **すでにたくさんライバルがいる**

　コンパクト・プラス・ネットワーク化は、人口減少と高齢化が進む日本における都市経営に必須の理念です。立地適正化計画があってもなくても考えていかなければいけませんが、これから計画を策定しようとする自治体には、注意するべき点があります。

　まず、国土交通省の発表によれば、2019 年 7 月 31 日現在、すでに272 自治体が立地適正化計画を策定済みです。立地適正化計画に基づく事業に対する補助金は、義務教育施設に対する国庫負担金のように、自

治体にとって普遍的で、ほぼ必ず採択される補助金とは異なります。限られた財源を狙うライバルは、すでにたくさんいるということです。

▶▶ 金太郎飴では無駄になる

これに加え、補助金に採択されるためには、国土交通省のお眼鏡にかなう事業である必要があります。自治体の職員は、自分の自治体の中だけを見ながら、まちのコンパクト化が必要だと考えます。しかし、その考えが、国全体を俯瞰的に見ている国土交通省が考えるコンパクト化の優先度と、必ずしも一致しているとは限りません。

この点で、すでに人口密度が高めの自治体の参考になるのは、2017年5月にコンパクトシティモデル都市に選ばれた大阪府大東市です。

大東市は、人口約12.2万人で、面積は約18 km^{2}しかなく、人口密度は約6,700人/km^{2}です。市内にはJR学研都市線の駅が3つあり、すでにコンパクト・プラス・ネットワークが出来上がったまちです。それでもモデル都市に選ばれた理由は、子育て支援に特化したさらなるコンパクト化を目指すという大きな特色を打ち出しているためです。

人口密度が低く、優先的にコンパクト化を進めなければならない自治体との補助金獲得競争に打ち勝つためには、こうした特色を出す必要があります。何らかの事業に対する補助金目当てで、コンサルタント会社に委託した金太郎飴的な計画を作れば、補助金がもらえるような甘いご時世ではありません。

▶▶ 先進自治体でも苦戦中

居住場所を選ぶ権利が保障されている中で、居住場所を誘導していくことは容易ではありません。多くの人が住みなれた場所で暮らしたいと思うはずです。「私が進めるのは、不公平な行政(コンパクト化への誘導)です。」と公言する市長の肝いりで、コンパクト・プラス・ネットワークの最先端を行く富山市でさえ、苦戦を強いられているという情報を目にすることがあります。

せっかく計画を作っても、補助金も採択されない、計画も進まないでは、策定費用は、税の無駄遣いとなります。

　なお、**図表74**に、2015年国勢調査結果をもとにした、政令市を除く人口10万人以上の148市における「可住地面積に占めるDID地区（人口集中地区）面積の割合」と、「人口に占めるDID地区人口の割合」の関係を示しました。

　このグラフの上に行くほど、人口集中地区が市域の多くを占め、右に行くほど、その中に大勢の住民が住んでいることになります。すなわち、右上に位置するほど、コンパクト化が進んでいる自治体であることを表しています。したがって、国がコンパクト化してもらいたいとまず考えるのは、左下に位置するような自治体です。

　大東市が日本でもトップクラスのコンパクトシティであることや、なぜ、富山市が強力にコンパクト化を進めようとしているのかもわかるように、両市の位置も併せて示しましたので、参考にしてください。

図表74　DID地区面積等から見るコンパクト化の度合い

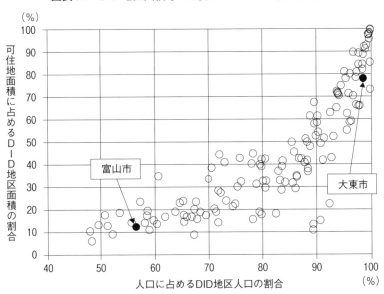

8|4 ◎…公営企業会計から 学ぶ

▶▶ 財源を生み出す企業会計方式

　上下水道をはじめ、公立病院や公営交通事業の会計は、企業としての経済性を発揮させるため、地方公営企業法に基づき、公営企業会計方式を採用しています。この公営企業会計は、一般会計や特別会計の官庁会計方式とは異なり、計画的に更新のための財源を生み出す機能が備わっています。

　公営企業会計予算のイメージを**図表75**に示しました。予算は、収益的収支予算と資本的収支予算で構成されます。この2つの予算は、議案の第3条と第4条に定められるので、前者は3条予算、後者は4条予算という略称でも呼ばれています。

　水道事業を例に、先に資本的収支予算から説明します。この予算では、水道管の敷設や更新、取水場や浄水場、配水場の建設や更新を行い、資本を形成します。また、過去に形成した資本に充てた借入金の返済を行います。主な財源は、借入金と補助金になりますが、一般会計のように収支の差額に充てられる一般財源はないので、多くの場合は、赤字のまま予算を組みます。官庁会計は、必ず収入と支出を同額にして予算を組むので、この点は、公営企業会計の大きな特徴の1つです。

　次に、収益的収支予算は、資本的収支予算によって形成された資本を利用して営業活動を行い、その対価としての収入を得る予算となります。水道事業でいえば、水道施設を使って各戸に水道水を供給し、水道料金収入を得ることになります。この一連の営業活動から生まれる収入と必要となる支出が計上されることになります。

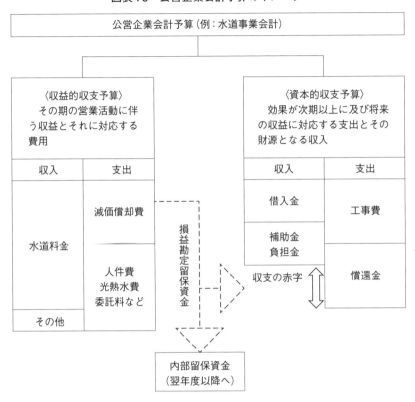

図表75 公営企業会計予算のイメージ

▶▶ 官庁会計との決定的な違い

公共施設の更新のための財源に着目して比較すると、官庁会計と公営企業会計には決定的な違いがあります。それは、公営企業会計では、減価償却費をはじめとする現金の移動が伴わない支出を計上し、処理することにあります。

具体的には、減価償却費の支出処理をすると、これに充てたお金は、実際には第三者に支払われたわけではないので、損益勘定留保資金として内部に留まることになります。このお金が、資本的収支予算の赤字を補てんし、また、さらには、翌年度以降の資本的収支予算の赤字補てん

のための内部留保資金となります。

　公営企業会計では、このサイクルを維持できるようにサービス提供者から受け取る対価を決めているので、現在又は将来の計画的な更新が可能となるわけです。

　これに対して、官庁会計には、元々こうした仕組みがありません。また、公共施設更新問題に対する警鐘が鳴らされるまでは、更新に備えるという意識もあまりありませんでした。

　今、仮に官庁会計でこうしたルールを作るとすれば、減価償却費見合いの額から、その年に使った投資的経費に充てた一般財源と建設債の償還金を差し引き、残りの額を一般財源の中から毎年基金に積み立てます。そしてこの基金を、更新時に充てる一般財源や更新時に充てた起債の償還の一部に充てるということになります。

　しかし、ハコモノが少ない秦野市でさえ、2017年度におけるハコモノに係る減価償却費は、年間約16億円です。上下水道を除いた公共施設全体では、約47億円となります。前述のとおり基金の積立てを行おうとすれば、この年における投資的経費に充てた一般財源は約21億円、建設債の償還金は約11億円なので、残りの15億円が必要になります。2017年度における各種基金への積立金の合計額は、約13億円でしたが、これを倍にしても足らない計算となります。

　地方税の額は、水道料金のように独自に決めることはできません。したがって、こうしたルールを作ったからといって、収入を増やすことはできません。このお金は、現在の歳出を削って生み出す必要がありますが、秦野市に限らず多くの自治体においては、すでに経常的経費が歳出のほとんどを占めている中では、それは至難の業となります。

　だからこそ、公共施設更新問題が起きてしまうともいえるのですが、できるだけ早く、こうしたルールを作ることができれば、公共施設更新問題の症状を和らげることができます。

▶▶ それでも安心はできない

　計画的な更新を行うための機能が備わっている公営企業会計といえど

も、公共施設更新問題が起きないとは言い切れません。

その最大の理由は、人口減少にあります。水道事業でいえば、人口が減るということは、使用水量が減少していくということを意味します。これに対して水道の管路網は、人口が減ったといっても、そこに住む人たちがいる以上は、範囲を狭めることはできません。すると、維持しなければならない管路の延長は減らないのに、水道料金収入は、どんどん下がり続けていくことになります。

それを挽回していく方法は、水道料金の値上げとなるわけですが、際限なく引き上げていくこともできません。ハコモノと同様に、取水場や配水場などの施設の統廃合も必要となっていくことでしょう。

また、これは下水道やハコモノにもいえることですが、広域化や共同化といった広域連携も必要となります。それぞれの自治休の区域の中だけでは、スケールメリットが発揮されずに非効率となっている場合でも、近隣の自治体と共同で処理をすることにより、スケールメリットが生み出せる場合があります。広域連携の実現を調整する場には、積極的に参加し、実現を目指してください。

8 | 5 ◎…不変の取組みにする

▶▶ 政治リスクを回避する

　ほぼすべての自治体が「公共施設等総合管理計画」の策定を終えているとはいえ、公共施設マネジメントの取組みに対する温度差が大きいことは事実です。またときには、首長の交代とともに取組みが止まったり、後退したりする自治体もあります。

　中には、公民連携方式による庁舎建替え事業が白紙となり、従来型公共事業に戻った例や、公民連携事業の契約について、違約金を支払ってまで解約したという例も存在するほど、政治的リスクも内包しているのが公共施設マネジメントの取組みです。

　こうした政治的リスクを回避し、その自治体にとって不変の取組みとする有効策の代表例としては、条例を定めることが挙げられます。そんな先進的な取組みを行った3つの自治体と条例の内容を紹介します。

▶▶ 千葉県習志野市

　習志野市は、早くから公共施設マネジメントに取り組み始めた代表的な自治体の1つです。また、公共施設マネジメントに特化した条例も、早い時期に制定しました。

　この条例では、公共施設マネジメントの取組みは、誰もが住みたくなるような魅力あるまちづくりを推進するためと規定し、専門の審議会を置くことも規定しています。

■**習志野市公共施設等再生基本条例**（平成 26 年条例第 15 号）**抜粋**

（目的）

第1条　この条例は、公共施設等の建替え、統廃合、長寿命化及び老朽化対策改修の計画的な取組について、その基本理念及び基本的事項を定め、持続可能な行財政運営の下で、時代の変化に対応した公共サービスを継続的に提供することにより、誰もが住みたくなるような魅力あるまちづくりを推進することを目的とする。

（公共施設等再生推進審議会）

第8条　市長は、公共施設等の再生に関する施策を推進するため、公共施設等再生推進審議会（以下「審議会」という。）を置く。

▶▶ 兵庫県伊丹市

　伊丹市は、関西地方の中では、早くから公共施設マネジメントに取り組み始めた自治体であり、今でも関西地方の取組みをリードしている存在です。

　その伊丹市が定めた条例では、やはり公共施設マネジメントの取組みは、魅力あるまちづくりのためと規定し、審議会と同等の機能を持つ検討委員会を設置することを定めています。

　また、最も特筆すべき点は、今だに多くの自治体で削減目標すら明らかにできない状況にある中で、条例にハコモノの総量規制を行うことを明記していることです。

■**伊丹市公共施設マネジメント基本条例**（平成 28 年条例第 3 号）**抜粋**

（目的）

第1条　この条例は、公共施設の老朽化の進展が市民の生活及び市の将来の行財政運営に重大な影響を及ぼすおそれがあることに鑑み、公共

施設の管理に関し、基本理念、基本的な計画の策定その他の基本となる事項を定めることにより、安定的で持続可能な行財政運営を図るとともに、魅力あるまちづくりの基盤となる公共施設を将来にわたって適切に維持管理することを目的とする。

（総量規制）

第7条　市は、目標とする総量（以下「目標値」という。）を定めて総量規制を図るものとする。

2　市は、総量規制に当たっては、公共施設の機能の移転又は複合化、公共施設の統合、民間の資産の活用等、多様な手法により、行政サービスの質の向上及び行政需要への柔軟な対応の確保を図るものとする。

（伊丹市公共施設マネジメント推進検討委員会）

第9条　地方自治法（昭和22年法律第67号）第138条の4第3項の規定に基づき、市長の附属機関として、伊丹市公共施設マネジメント推進検討委員会（以下「委員会」という。）を置く。

2〜6　（略）

▶▶ 茨城県龍ケ崎市

龍ケ崎市では、前の2市とは異なり、公共施設マネジメントの取組みを条例に規定するにあたり、財政運営における重要な課題として、包括的に取り扱っています。

また、特筆すべき点は、公共施設及び社会基盤施設を整備しようとする場合は、あらかじめ財政運営への影響額を試算し、公表することを規定している点です。兵庫県伊丹市と同様に、多くの自治体が二の足を踏んでしまうことを、早くから条例で定めました。

■**龍ケ崎市財政運営の基本指針等に関する条例**（平成24年条例第25号）
抜粋

（目的）
第1条　この条例は、柔軟で持続可能な財政構造を構築し、自主的かつ総合的な地域経営を確保するため、財政運営の基本指針等を定めることにより、健全な財政運営に関する取組の推進を図り、もって市民福祉の増進に資することを目的とする。

（公共施設の管理）
第9条　市は、公共施設によって提供する機能について、社会経済情勢の変化及び財政状況等に適合した必要性の高い機能を確保するため、公共施設の使途及び利用環境の改善、運営の効率化並びに統廃合等を推進しなければならない。

2　市長は、前項の取組を計画的に推進するため、公共施設の需要動向並びに運営及び更新の費用の予測等を総合的に勘案の上、公共施設の管理運営に関する基本方針を策定し、公表しなければならない。

（公共施設等整備に伴う財政運営影響額）
第19条　市長は、公共施設及び社会基盤施設を整備しようとする場合（公共施設の更新及び大規模な改修等を行おうとする場合を含む。）は、別に定めるところにより、あらかじめ財政運営への影響額を試算し，公表しなければならない。

▶▶ ハードルは高いがやりがいは大きい

　首長にも議員にも選挙があります。条例制定までとなると、いろいろな利害が頭をよぎることでしょう。かなりハードルは高くなるかもしれません。ここまで到達した自治体は、ワンランクどころかスリーランクぐらい上のマネジメントです。

　しかし、いろいろな利害関係も乗り越え、ここまでに至った自治体は、住民の皆さんも幸せだと思います。この本を読んでくださった自治体職員の皆さんは、ぜひ後に続けるよう努力を重ねてほしいと思います。

ときに言葉はデータよりも強し

　本書では、言葉ではなくデータを用いて説明することや、政策決定を行うことの大切さを説明してきました。しかし、ときとして、データよりも言葉が人の意思を誘導し、また心を動かす決定打になることもあります。今まで出合った言葉の中から、印象に残っていた言葉を紹介します。

　方針案の説明会に参加していた市民の言葉です。データよりも的確に、公共施設更新問題への対応の本質を表したので、驚きました。

「大地震の後の公共施設の復旧順序を思い出してください。まず、道路を通れるようにします。その次に、電気、水道、ガス、ライフラインの復旧です。ハコモノは最後ですが、ハコモノの中では、学校を一番に再開しようと被災地は頑張ります。どの公共施設をいい状態にしていかなければいけないか、優先順位がよくわかりますよね」

　兵庫県内の自治体の研修での市長のあいさつです。政治家らしい、データも何もないのに説得力に富む説明です。

「人には、自分は大丈夫と思いこむ本能があります。だから、避難しろといっても避難をしない。公共施設更新問題も同じです。自分のまちは大丈夫なんて思いこんでいたら、将来大変なことになります」

　静岡県内の自治体の研修で、公務で中座するはずだった町長が最後まで聞いてくださったので、理由を尋ねました。

「今日来るはずだったお客さんには、また会えるチャンスはあります。でも、あなたの話は、今日を逃したらもう聞くことはできないと思ったから、予定をキャンセルして来てしまいました」

　ただただ感謝の一言です。最後は、鹿児島県内の自治体の研修が終わった後、私のところに歩み寄ってきた入庁2年目の女性職員です。

「私は、こういう研修を受けたかったんです」

　「こちらこそ、話を聞いてくれてありがとうございました。その一言で、私は、また明日から頑張れます」と、返しました。

　今まで、話を聞いてくれた皆様、本当にありがとうございました。

おわりに

　ここまで読み進めた読者の皆さんは、公共施設更新問題に対する大きな危機感を抱いていると思います。「よし、何とかしなくては」と決意を新たにする方もいれば、「自分の自治体の努力だけで対応できる問題ではない。きっと、国が何とかしてくれるはずだ」と思う方もいるかもしれません。しかし、後者を期待することは難しいでしょう。

　ごみ焼却施設は、ダイオキシン問題で1990年前後に一斉に建て替えられましたが、一般的な耐用年数は30年です。2020年前後までに、またすべてを建て替えることになります。しかし、2013年度の自治体からの建替えに対する交付金の要望に対して、国が当初予算で用意できたのは、要望額の3分の2でした。最終的には、補正予算で残りの3分の1が手当てされましたが、このときの補正予算の財源は、国債発行でした。

　すでに、ごみ焼却施設だけでこのような状態である中で、本文でも述べたとおり、下水道事業の更新費用に対する国費負担を軽減する動きもあります。また、毎年のように自然災害が発生し、国が支援する復旧や防災対策の工事が相次いでいます。今後、公共施設の更新が集中し始めたとき、果たして国は、自治体を助けることができるのでしょうか。

　住民が安心して、安全に暮らし続けられるまちであるためには、国に頼る前に、自治体自らがやるべきことをしっかりと行う必要があります。私たちは、次の世代、またその次の世代に対して、無責任でいることは許されません。子どもや孫たちに大きな負担を背負わせることのないよう、たとえ人口が8,000万人になっても、強くてしなやかなまちであり続けるために、私たち一人ひとりの自治体職員が、今できること、しておかなければならないことを考え、取り組んでいかなければなりません。

　これは、私たち自治体職員の一人ひとりが「スーパー公務員」や、「カリスマ公務員」にならなければできないことではありません。

私は、皆さんと同じ、一人の地方公務員です。

　私のことを「スーパー公務員」と呼ぶ方がいますが、私は、煙草が好きな「スーハー公務員」です。

　でも、こうして1冊のノウハウ本を上梓する機会を与えていただきました。もし普通の地方公務員と何か違うところがあるとしても、それは、成し遂げようとする意志の強さ、ただそれだけだと思います。

　私のことを「カリスマ公務員」と呼ぶ方がいますが、私は、皆さんの知恵と力を「借リマス公務員」です。

　満員電車での通勤と転勤が嫌だという動機で地方公務員になった自分が、たくさんの自治体の職員研修をお手伝いしたり、セミナーの講師を務めたりできるようになりました。それは、公共施設マネジメントの仕事を通じて、たくさんの方と出会い、助けていただき、成長させていただいたからです。

　さて、この本の企画・編集を担当してくれた方は、私の娘くらいの若い方でしたが、執筆開始後、もしかするとこの本は、初めて企画・編集を担当する書籍なのでは、と思い至りました。

　そこで私は、自分の人生に「本の執筆」というやりがいを加えてくれたことへの恩返しとして、「これから続く彼女の編集者生活の中で、自分を成長させてくれた仕事の1つとして、思い出してもらうことができる本になるように」という思いを込めて書きました。

　私にとっての公共施設マネジメントの仕事のように、自分を成長させてくれる仕事と出会うチャンスは、誰にでもあります。しかし、そのチャンスは、決して数多くはありませんし、気づかないうちに通り過ぎてしまうこともあります。ですから、もしこの本の企画・編集が、少ないチャンスの1つとなったのであれば、本望です。

　さらにこの本が、多くの若い自治体職員にとって励みとなり、成長にもつながったのであれば、それで私を成長させてくれた皆様への恩返しもできたのかなと思いながら、筆を擱かせていただきます。

　2020年3月

　　　　　　　　　　　　　　　　　　　　　　　志村　高史

●著者紹介

志村 高史（しむら たかし）

秦野市上下水道局参事（兼）経営総務課長。1964年神奈川県生まれ。東京水産大学（現・東京海洋大学）水産学部卒業後、1987年から秦野市職員。教育委員会や財産管理課で、公有財産の維持管理や賃貸・売り払い等を担当。2007年に全国初となる庁舎敷地への独立したコンビニエンスストアの誘致を担当した後、2008年から18年まで公共施設マネジメントに携わり、多くの公有財産の有効活用に取り組む。2019年4月から現職。講師派遣・視察受入等による講演回数は500回を超える。

自治体の公共施設マネジメント担当になったら読む本

2020年4月15日　初版発行

著　者　志村 高史

発行者　佐久間重嘉

発行所　学 陽 書 房

〒102-0072　東京都千代田区飯田橋1-9-3
営業部／電話　03-3261-1111　FAX　03-5211-3300
編集部／電話　03-3261-1112
http://www.gakuyo.co.jp/
振替　00170-4-84240

ブックデザイン／佐藤　博　DTP製作・印刷／精文堂印刷
製本／東京美術紙工

©Takashi Shimura 2020, Printed in Japan
ISBN 978-4-313-12128-7 C3033

乱丁・落丁本は、送料小社負担でお取り替え致します

JCOPY 〈出版者著作権管理機構 委託出版物〉
本書の無断複製は著作権法上での例外を除き禁じられています。複製される場合は、そのつど事前に、出版者著作権管理機構（電話03-5244-5088、FAX 03-5244-5089、e-mail: info@jcopy.or.jp）の許諾を得てください。

◎好評既刊◎

自治体の規模別
公共施設マネジメント

上森貞行［著］

地域特性や規模に応じた「個別施設計画」の策定・更新から実行までを示す1冊。担当者が悩みがちな、数値目標の設定や施設の評価、実行の手順などの問題を、自治体職員の著者が現場目線で徹底解説。

定価＝本体 2,900 円＋税

実践！
公共施設マネジメント

小松幸夫・池澤龍三・堤洋樹・南 学［著］

「個別施設計画」の策定と実行の必須ポイントがわかる解説書。計画が進まないと悩んでいる方に向け、考え方と実践事例を基に、効果的な方法を示す。マネジメント手法から、庁内の体制づくり・住民ワークショップまで、豊富な事例をもとに詳解。

定価＝本体 3,200 円＋税

先進事例から学ぶ
成功する公共施設マネジメント

南 学［編著］

「公共施設等総合管理計画」を策定したが、その後うまく統廃合が進まないと悩む方へ、戦略的方法を解説。校舎・体育館・プール、図書館、公民館、文化施設、庁舎の統廃合と利活用の計画から実践まで、多彩な事例を紹介。

定価＝本体 2,800 円＋税